课题来源：河北省社会科学界联合会，社会科学发展研究课题

课题名称：秦皇岛城区农村率先城镇化的途径研究

课题编号：201301480

# 河北省乡村振兴背景下
# "三农"人才服务基层的对策研究

张宏卫　赵兴华　著

燕山大学出版社

·秦皇岛·

图书在版编目（CIP）数据

河北省乡村振兴背景下"三农"人才服务基层的对策研究 / 张宏卫，赵兴华著. --秦皇岛：燕山大学出版社，2024.6

ISBN 978-7-5761-0670-1

Ⅰ.①河… Ⅱ.①张… ②赵… Ⅲ.①三农问题－研究－河北 Ⅳ.①F327.22

中国国家版本馆 CIP 数据核字（2024）第 088617 号

# 河北省乡村振兴背景下"三农"人才服务基层的对策研究
HEBEISHENG XIANGCUN ZHENXING BEIJING XIA "SANNONG" RENCAI FUWU JICENG DE DUICE YANJIU

张宏卫　赵兴华　著

| | | |
|---|---|---|
| 出 版 人：陈　玉 | | |
| 责任编辑：孙志强 | 策划编辑：孙志强 |
| 责任印制：吴　波 | 封面设计：刘馨泽 |
| 出版发行：燕山大学出版社 YANSHAN UNIVERSITY PRESS | 电　　话：0335-8387555 |
| 地　　址：河北省秦皇岛市河北大街西段 438 号 | 邮政编码：066004 |
| 印　　刷：涿州市殷润文化传播有限公司 | 经　　销：全国新华书店 |

| | | |
|---|---|---|
| 开　　本：710 mm×1000 mm　　1/16 | 印　张：9.25 |
| 版　　次：2024 年 6 月第 1 版 | 印　次：2024 年 6 月第 1 次印刷 |
| 书　　号：ISBN 978-7-5761-0670-1 | 字　数：140 千字 |
| 定　　价：39.00 元 | |

# 前　　言

河北是中国的农业大省，一直以来，"三农"问题一直是省委、省政府极为重视且致力于解决的问题。近年来，河北省农村发生巨大的变化，农民的生活水平得到了显著的提升，农民收入也在逐年上升，但依然存在着一些根深蒂固的问题，例如农产品价格不稳定，农业结构不合理，农民的整体素质不高，这些问题的存在都在一定程度上制约了农业、农村的发展。实施乡村振兴战略，是党的十九大作出的重大决策部署，是新时代"三农"工作的总抓手。河北是农业大省，做好"三农"工作更具特殊重要性。

乡村振兴离不开政府的扶助政策，政策是否能起到应有的效果主要在于其在乡村的落实效果如何，以及具体实施指导过程是否到位，这就需要有更多的基层组织和相关人员能够深入农村基层，去实地解决政策执行过程中存在的各类棘手的问题，只有真正发现和解决好"三农"基层的服务质量和服务效果的问题，才能真正提振广大农业劳动者的信心，增加农民的收入，促进河北省特色产业的进步和发展，才能形成一定的农业人力资源集聚的效应，吸引更多的年轻人回到农村就业或创业，吸引更多的农业科技项目落户农村地区，真正实现燕赵大地乡村的振兴大业。本书主要以提升人才服务"三农"的质量和效果为主要目的，突出强调河北省乡村振兴战略下农民、农村、农业的真实的发展需求，着重研究"三农"人才如何服务基层工作，重申了"三农"人才服务基层的重要原则，分析了目前"三农"人才服务基层的现状及存在的核心问题，以及导致这些问题的内部深层次的原因，逐一探讨了目前服务制度实施过程中存在的突出问题，并在此基础上提出完善已有服务模式的对策和建议，同时，深挖"三农"服务人才"想下去""下得去""留得住""起作用"的具体的路径。在当前互联网、大数据广泛应用的大环境下，"三农"人才服务乡村的模式也要借着这艘大船，不断开发新的服务渠道和路径，地方政府或机构也要出台相应的激励政策，让"三农"发展急需的技术、管理等人才通过便捷的渠道参与乡村振兴的大业。展望未来，农业、农村发展将借助互联网技术、区块链技术进入一个全新的赛道，所以提升农民的素质，加大对"三农"的扶持力度，提升对"三农"服务工作的服务质量势在必行，且任重而道远，望你我不遗余力地为河北省的乡村振兴大业贡献力量！

# 目　　录

# 第一章 绪 论

2013 年 11 月党中央作出了精准扶贫的重要指示。经过各级政府和机构的通力合作，2020 年 11 月 23 日，国务院扶贫办确定的全国 832 个贫困县全部脱贫摘帽，全国脱贫攻坚目标任务已经完成。国家的精准扶贫计划为广大贫困乡村创造了致富增收的机遇，给予了广大贫苦农民莫大的鼓舞和帮助，让他们在实现中国梦的道路上更有信心和决心。脱贫只是阶段性的成果，这一成果如果得不到巩固和加强，极易出现返贫，"脱贫不返贫"才是真正的脱贫，要巩固这一成果，必须有后续持续性的扶持工作的跟进，乡村振兴计划是精准扶贫计划的有效衔接，只有乡村振兴才能消灭相对贫困，实现共同富裕。精准扶贫与乡村振兴所对应的时间段不同、侧重点不同、机制不同，但二者的根本目标是一致的，即实现"两个一百年"奋斗目标，推进农村、农业、农民的现代化。如何探索精准扶贫与乡村振兴平稳过渡、有效衔接？习近平总书记在中共中央政治局第八次集体学习时强调，打好脱贫攻坚战是实施乡村振兴战略的优先任务。乡村振兴从来不是另起炉灶，而是在脱贫攻坚的基础上推进。确保全面建成小康社会不落一户，首先要增强乡村振兴与脱贫攻坚融合推进的意识。人才兴则乡村兴，人才强则乡村强，人才在乡村振兴中居于重要位置，发挥中流砥柱的作用，人才是乡村发展、拉动生产力的源泉。在经济活动中，离不开人这一主体的参与，尤其在乡村建设中，农业生产需要人，农村发展需要人。人作为劳动力，能够创造财富，拉动经济增长。可见，乡村建设需要致富能手、产业带头人等各行各业能带领乡村走向共同富裕的有用人。同时，还需要各类熟练运用科技手段的科技达人和网络达人等，让农业农产品搭上互联网和数智化的快车，所以搭建人才服务基层的平台、设立人才服务农村基层的激励制度势在必行。

# 第一节 "三农"人才服务概述

## 一、"三农"人才的定义

什么是"三农"人才？目前没有统一的定义，"三农"人才所囊括的范围很大，包括：农业技术人才、农产品销售人才、农产品种植人才、农村规划建设人才、农村人力资源培训人员等等，也就是只要可以从某一个或某几个方面服务于农村、农业、农民的人才都在"三农"人才的范畴之内。这些人才无论从事哪个领域的服务项目，他们都有一些共性，即了解农业发展对于国家和人民的重要意义，对农村有割舍不断的情感，心系农民。所以，"三农"人才主要指的是"一懂两爱"（懂农业、爱农村、爱农民）人才，只有"懂农业"才能对农业发展有使命感，才能深入了解现代农业发展的瓶颈和痛点，才能把握现代农业发展的方向，才能心甘情愿地为之奉献，做现代农业的推动者；只有"爱农村"才能有深厚的农村情怀，能够扎根基层，做振兴乡村的实践者；只有"爱农民"才能心系民心，为农民谋福祉，做农民增收的助力者。

我国正处于中华民族伟大复兴的关键时期，而农业作为第一产业，在生产模式上，农民在思想形态上，农村在精神文明建设上，都需要有根本性的转变，因此，要实现乡村振兴，各方面的人才需求也更加紧迫。"三农"人才来自社会各界，包括：涉农高等院校、各地农业农村局、各地乡贤组织、政府机构、民间团体等。近年来，各地纷纷推出了"新农人"计划，新农人是指具备一定新理念、新技术、新业态、新生产组织方式，以从事农业生产、加工、销售、服务等各环节为主要收入来源，且收入高于所在地区传统农业从业人员收入水平，有农业情怀的现代农业经营者，他们经营着有适度规模、有持续发展性、有防风险能力的农业相关经济体。通过推出"新农人"典型人物事迹，吸引更多的有识之士加入建设新农村的伟大征程中来。

## 二、"三农"服务内容

服务"三农"指围绕着农业、农村、农民的问题提供服务。农业问题主要是农业产业化的问题、特色农业的问题以及农业政策问题等等，产业振兴是乡村振兴的基石，所以服务好农业，是服务好"三农"的重中之重。市场经济是以市场为导向，根据市场配置资源的经济形态。农业的购销体制不畅是农业不能快速发展的一个重要原因。农村问题目前突出表现的一个问题是户籍制度改革，城市化进程的节奏要保持恰当的水平，小城镇是消除城乡二元对立、改革户籍制度的必要配套措施。农民问题可以分为农民素质和农民减负两个问题。农民素质主要包括文化素质和职业素质。提高农民素质是富民强国的重要标志性举措之一。对于农民减负问题，首先应该考虑加大力度进行机构调整，减员增效，把农民增收放在第一位。只有农民的钱袋子鼓起来，才能使更多的年轻人愿意投身这片热土，才能吸引更多优秀的人才、优质的资源以及先进的理念融入农业产业发展，吸引更多的实体或网络资源投向农村。

"三农"人才所提供的基层服务内容上应该是全方位、无死角、全覆盖的，涵盖经济、社会、文化等方方面面，即"三农"所需构成了服务的主要内容。服务在空间上实施线上、线下双向融合的模式，时间上要确保技术或项目的全程指导或服务。具体服务内容包含以下三个大类：农业发展与转型服务、农村的发展与转型服务、农民的发展与转型服务。下面分别详细地介绍一下这三大类服务的具体内容：

### （一）农业发展与转型服务

该类服务主要包含以下四个方面的具体服务内容：

1. 农业产业化经营服务

所谓农业产业化经营，即依照现代化农业生产的要求，彻底改造传统农业的模式，以国内外市场需求为农业经营行动导向，以提高农业产业经济收益为最根本目的,树立农业支柱产业和主导农产品,并开展区域战略规划、推广专业化种植、实施一体化经营管理模式,把生产—加工—销售、商贸—工业—农业、经济—科技—教育密切地结合起来,实施一条龙的经营模式,如图1.1所示。农业产业化经营的最终目标是实现农业生产的专业化、社会化、市场化、系统化。现代农业的产业化经营模式的构建需要全局谋划,涉及多个领域,例如:产业园区的规划,主导产业的确定,龙头企业的牵引等方面。

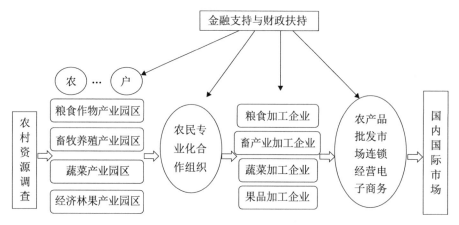

图1.1 农业产业化经营服务

2. 现代农业社会化服务体系

农业社会化服务体系是指,为实现现代化农业生产的目标,政府、市场和社会三方力量共同协作所构成的社会服务系统。该体系的主要任务是:为农户从事农业生产与经营活动提供各种便利的服务产品、服务保障和服务设施,如图1.2所示。

随着农产品市场竞争的日益加剧,单个农户几乎很难适应市场经济激烈的竞争环境,市场存在很大的不确定性,而农户应对市场变化经验不足,小农户与大市场之间的矛盾日益突出,所以构建农业的社会化服务体系必须提到日程上来。

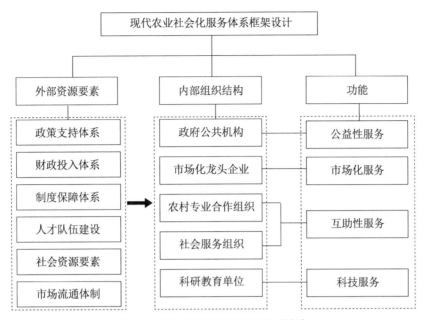

图 1.2 现代农业社会化服务体系内容

**3. 生态农业建设服务**

乡村振兴，既要发展农业经济，又要保护生态，不可以过度开发，在水土保持、植被保护、土壤保护等方面适度开发，既要让农民享受到发展的成果，又不能破坏生态环境。生态农业就是用自然规律、经济规律以及社会规律来布局农业生产，指导农业生产经营活动。在我国，古人一直把农业生产看成是人和自然协调发展的整体。

具体服务内容如下：

（1）生态农业是农业发展的战略选择

经济飞速发展，人类改造世界的能力越来越强大，但是对自然界的破坏也是触目惊心的，土壤污染、农药滥用等现实问题困扰着农业产业健康发展，所以生态农业是我国农业朝着健康、可持续发展的必然选择，是真正从民生出发的现代农业。

（2）生态农业发展的制约因素

生态农业的发展受到一些现实因素的制约，例如，农村农户的分散经营模式，传统农民接受新思想、新知识的能力比较弱，同时缺少有关技术及设备的配套物资，另外，农村基层管理组织管理经验不足，这些因素都在一定程度上制约了生态农业的快速发展。

（3）生态农业模式

结合各地自身的自然生态条件以及经济发展状况，以保护生态、提供高质量的农产品为目标，农业专家尝试利用各种农业技术组合、农作物组合模式发展适宜当地实际情况的生态农业模式，然后将这些模式进行比对和优化，这将关系到农业可持续发展以及生态平衡的目标的实现。

4. 农业科技创新与推广服务体系

现代农业发展速度很快，农业科学技术的应用已成为农业经济快速增长的主要推动力量。但在农业快速发展的同时一直面临着资源短缺、生态环境不断恶化的危机和制约，农业科技能否再次为中国农业发展插上腾飞的翅膀，就要依靠农业科技的创新与推广，只有创新才能突破制约，只有推广，才能在更大范围内实现其经济效益和社会价值。

该服务内容如图 1.3 所示。

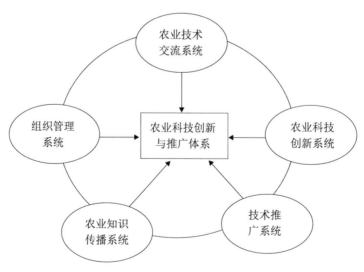

图 1.3　农业科技创新与推广服务内容

**（二）农村的发展与转型服务的主要内容**

农村的发展与转型服务主要包括以下具体服务内容：

1. 农村资源服务

农村资源是指农村地域范围内能够推进经济社会发展的农村自然资源和社会资源的总和，如图 1.4 所示。农村自然资源是来自自然界，并可以直接用于农业生产的资源，包括：土地资源、气候资源、生物资源、水资源等。

农村社会资源包括：人口构成状况、劳动力数量质量构成、配套基础设施、农业科学技术水平、农村网络条件等。农村资源类服务主要就是围绕这些资料开展资源开发、利用及优化。

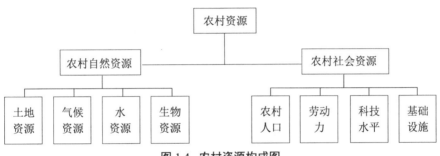

**图 1.4 农村资源构成图**

2. 农村土地流转服务

在现有耕地面积不足的背景下，农村要实现农业现代化生产，就必须提高现有土地的利用效率，充分利用现有耕地，开展适宜的规模化经营，开展适度的土地流转，明确流转的权利和义务，最大限度地提高土地的利用效率。这是"三农"问题解决的关键点之一，也是促进城市乡村协同统筹发展的重要突破口。该类服务内容如图 1.5 所示。

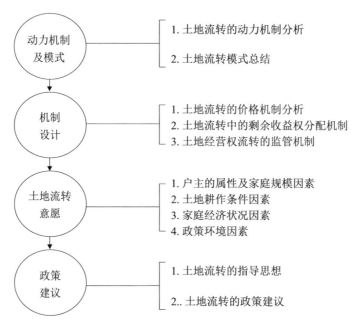

图 1.5　农村土地流转服务内容

**3. 农村工业化与城市化协调发展服务**

农村地区经济社会发展的过程，离不开周边城市发展带动。城市的健康有序的发展，为农村经济的发展提供了广阔的市场和前景，农村的深化改革也为城市的进一步提档升级提供了有力的推动作用。

农村工业化既包括在农村区域发展工业产业，又包括农业生产的工业化。农村工业化是发展现代农业的主要领域。但是，因为一些历史原因、传统政策等诸多因素的影响，农村城市化进展速度比较慢。为了实现农村工业化与城市化的有效协同，必须在资源的配置上进一步优化。该类服务主要包括以下内容：

（1）农村工业化进程发展过程与现状分析。

（2）从多角度分析制约二者协调发展的因素。

（3）学习国内外工业化与城市化发展的模式，摸索其中的规律，分析其适用条件，分析农村工业化与城市化之间的适用模式和相互协同的关系。

（4）提出加快河北地区农村工业化和城市化协调发展的具体可行对策，既可以提升城市的工业化发展水平，也可以促进农村地区的工业化进程，进而减少农民对稀缺土地资源的依赖，增加农民收入，提高生活质量。

4. 新农村建设服务

新农村建设包括：经济发展领域、政治领域、生态环境、社会文明、文化形式等方面的建设及发展趋势，新农村建设的有效推进，对于提高全民素质、提升人民的幸福感具有划时代的意义。

该类服务内容如图 1.6 所示。

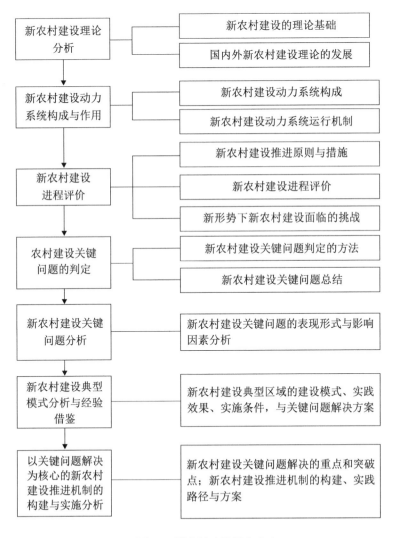

**图 1.6 新农村建设服务内容**

### （三）农民的发展与转型服务的主要内容

农民的发展与转型服务主要包括：

**1. 提升农民素质服务**

劳动者的素质和积极性是影响劳动效率提高的关键因素，所以在推动农业农村事业的发展过程中，农业劳动者是农业生产力发展最活跃的要素。故提高劳动者的文化和职业素质，充分调动农民的主观能动性和工作积极性，提高农民的创新意识，激发他们的创业潜能和创新能力，是提高农业生产效率的最重要的保障。该类服务内容如图 1.7 所示。

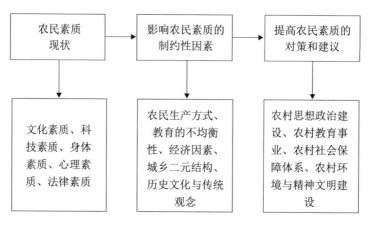

**图 1.7 提升农民素质服务内容**

**2. 农民专业合作组织服务**

在当前市场经济的激烈竞争背景下，农民专业合作组织在一定程度上可以帮助单个农户抵御市场风险，提高总体的竞争实力，通过大家资源互补，抱团取暖实现农业的合作化、产业化经营，从而进一步增加收入，提高生活质量。本书主要深入调研农民专业合作组织的现状，总结农民专业合作组织已有经营模式，评估合作组织的发展能力，剖析农民专业合作组织经营中存在的主要问题，以及原因分析，探索经济新常态时期农民专业合作组织的市场优势，以及如何提高其管理效率。该服务内容如图 1.8 所示。

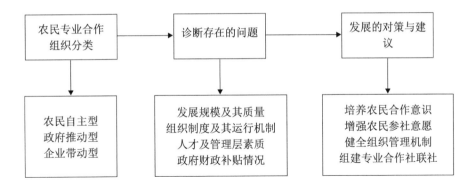

图 1.8 农民专业合作组织服务内容

3. 农民就业服务

农村地区农民就业服务的主旨是探寻当地农民就业模式，筹划当地农民就业的政策框架，开辟就业的新路径，从而提高农民的就业质量和就业满意度，进一步提高人力资源利用的效率。该类服务内容包括：

（1）基本理论。包括农业劳动力市场的供需情况分析、农民就业的特征、农村富余劳动力转移的途径、农民就业满意度调查等基本理论。

（2）解决剩余劳动力就业问题的经验及成功案例。包括：国内其他地区典型案例、发达国家典型模式、发展中国家成功案例。

（3）河北地区农民就业的现状、瓶颈以及影响因素。

（4）河北地区农民充分就业的途径。农民充分就业对于保障农产品供求平衡、提高农民收入、缩小城乡差距、农村社会和谐有重要意义。可以通过调整种植模式、拓宽就业渠道，发展大中城市与乡村对接吸纳农民就业，还可以通过推动农村城市化的实现来拉动农民就业。

（5）促进农业劳动力充分就业的政策建议。推进城市化发展策略，扩大农民就业的空间、强化人力资源开发的效率，构建农民就业的长效机制、健全农民就业的社会服务保障体系等。

4. 农民工服务体系

城市建设催生了农民工的产生，农民工是我国城市化建设中的一个特殊群体，这个群体人数规模很大，为城市发展乃至国民经济的发展起着重要的推动作用。农民工问题是一个综合且复杂的问题，它涵盖了有关经济利益、政治权利、社会权益以及文化融合多方面的问题。

服务的具体内容如下：

（1）农民工问题的历史沿革。涵盖了农民工产生的时代背景、该群体的社会特征；相关社会问题产生和发展的原因、具体问题及其研究现状等。

（2）农民工的就业、生活现状及社会作用。

（3）农民工社会权益保障问题。涵盖了农民工工作条件、工资报酬、劳动保障、民生福利、民主政治权利等。

（4）农民工子女教育问题。农民工子女包括：随迁子女和留守子女。社会教育的公平性是体现社会公平的核心组成部分，因此农民工子女的教育的最大问题就是能否公平地享受到应有的教育。虽然国家对于随迁子女的教育问题非常重视，但在实际的入学过程中，这些孩子很难享受到公平的教育资源。究其原因，一方面由于我国城乡户籍制度限制，另一方面是资金的支持不足以及相关政策的执行力度不够。

（5）农民工市民化问题。新生代农民工或者是老一代农民工的子女成为所在城市居民是社会发展的必然趋势。他们的父辈经过半生的打拼，经济条件有很大的改善，他们通过升学或其他途径离开乡村，在城市扎根生活工作。这是从农民工自身发展的角度来探讨市民化的问题，这个问题的根本解决还需要政府出台相关的政策，为更多的为城市建设贡献力量的农民工成为城市居民提供法律的保障。另外，政府或企业还应该通过完善新生代农民工的有关福利政策，进一步有力地促进新生代农民工的市民化，在就业、社会保障、看病就医、子女入学等方面实现平等的待遇。

5."三农"融资服务

我国新农村建设和城镇化所产生的资金需求巨大，仅靠国家资助很难满足，加上我国农业现代化发展缓慢，在速度上明显落后于城镇化。所以，亟须优先保障新农村发展建设的投入、提高资金的运作收益。所以"三农"融资体系的建设势在必行。同时，完善农民资产股份持有、获利、抵押、担保、继承等管理办法，实现"资源变资产，资金变股金，农民变股东"。鼓励农村新型经营主体建设，例如：专业合作社、家庭农场等，试点推广全产业链托管、专业化托管、菜单式多环节托管等多种服务模式，支持涉农企业扩大经营，壮大新型农村集体经济模式，充分带动群众增收致富。

随着农业生产的调整升级以及智慧农业的推广，农业领域已不再是传统的劳动力密集型行业，而是技术或资本密集型的产业，拥有巨大的发展潜力和投资前景。所以，政府加强在"三农"领域的金融政策的倾斜是促进农业转型升级的主要动力，既能够解决农村"融资难、融资贵、融资慢"等问题，又可以开创农民增收的新途径，同时，还可以充分利用资源要素，加快现代农业产业体系的构建，进一步优化种植结构，延伸农业产业链。但是，目前支持农业发展的金融产品和金融服务较少、资金使用效率不高、金融机构的服务能力也有待于进一步提升。因此，金融支持不足是影响农村产业深度融合发展的制约因素。农村产业深度融合是一项综合性、复杂性的工程，涉及的利益分配比较复杂，需要结合地区发展的实际情况，从微观和中观发展的角度综合研判，制定有效的金融支持政策。

因为发展中国家的金融市场是具有一定的垄断性的，信息不对称问题是干扰市场形成有效竞争的重要因素，农村的金融市场供求双方必然有着明显的信息不对称，完全依靠市场机制来调节有效的金融市场是不可能的，这就需要政府部门强有力的介入，对市场供求关系进行人为的干预。同时，应该通过地方政府将分散的农户或企业组织起来，共同来抵御可能发生的资金危机。在政策的制定和实施上需要政府、高校、民间专业人士共同出谋划策，以实现农村金融市场的健康有序发展。

## 三、"三农"服务人才的来源

人才是经济社会发展的第一资源、第一要素、第一生产力。乡村要振兴，人才是关键。发展"三农"事业，推进乡村振兴，需要培育一大批懂技术、高技艺、善经营的高素质人才队伍，以人才振兴助力推动乡村振兴。

## （一）挖掘懂技术的"土专家"，开展乡村振兴人才职称评审工作

"三农"人才来自与"三农"发展相关的各行各业。他们来自农村本地或周边，例如：懂技术的"土专家"，他们是筑牢农业兴旺的基石。正所谓"高手在民间"，扎根基层、坚守一线的"土专家"们大多生在农村、长在农村，虽然学历偏低，但他们对脚下的土地更熟悉，对农民的需求更了解，是振兴乡村不可或缺的力量。挖掘"土专家"，要打破传统的"唯学历论"的观念，秉持"只要身上有本事、手里有绝活，就是人才"的理念，选拔具有深厚乡土情怀、熟悉当地风土人情、具备一技之长的乡土人才为农业产业振兴出谋划策，筑牢农业兴旺的基石。

为了给予这些"乡村人才"充分的肯定和应有的待遇，2023 年起，安徽省开展乡村振兴人才职称评审，计划每年评定 1 万名左右乡村振兴技术人员。这次乡村振兴人才职称评审主要面向长期扎根基层、从事适度规模生产经营的高素质农民、家庭农场生产经营者、农村集体经济组织和新型企业经营主体人员、农业社会化服务组织人员、农村手工艺者、民间艺人、技术能手、在乡返乡下乡回乡创新创业带头人、电商营销人员及其他涉农乡村人才。安徽省安庆市积极落实省精神，审核上报乡村振兴人才高级职称 120 人，经评审 92 人获评乡村振兴人才高级职称。河北省石家庄市积极响应号召，大力推广新型农民职称认定工作，2022 年 10 月，石家庄鹿泉区永飞家庭农场负责人李永平和鹿泉区鹿马种植专业合作社负责人于江二人获评初级职称，成为石家庄市最早获评职称的农民。不光河北，近年来，全国多地均启动了农民职称评定工作，海南、湖北、山西等省也有不少地方给农民评职称。这一系列的举措在乡村振兴背景下是对农民身份的有力回应。有了"职称"身份的激励，农民一定程度上也会更有动力持续提升自身的农业相关技能，进一步促进农民快速成长为农业发展需要的农业人才。同时，此举也会吸引众多大学生、外出务工人员等外部人才返乡加入乡村建设的人才队伍，为乡村振兴提供更多的人才来源。职业农民职称评定制度体现了社会的公平、

公正和发展，而这样的社会环境对于提高农民社会地位、改变社会对农民的传统认知，也是有很多的推动作用的。尤其要突出体现的是，除了职业农民职称之外，给农民提供更多的农业技术支持、产业项目引领、银行优惠贷款等机会，让农业、农村、农民在一个健康互惠的大环境中取得可持续的发展，这才是各方应该多关注的焦点问题，也是努力的主要方向。

**（二）发现和培养具有高技艺的"巧手匠"，为农村发展增光添彩**

在持续开展的乡村振兴过程中，有这样一批乡村能人，他们有深厚的农村情怀，他们热爱这片土地，他们拥有雕刻、刺绣等精湛的手艺，堪称乡村艺术家、"巧手匠"。这些"巧手匠"借助自身精湛的艺术水准，立足当地特色，发挥优势资源，为乡村村容村貌的改善起到了至关重要的作用。同时，为农村的乡风建设提供了可行的表现形式，引导当地群众积极参加艺术学习和深造，建设魅力乡村，提高农民素质，不断提高文明程度，进一步充实农民精神生活。近年来，随着农村人口的外流和人口老龄化的到来，农村工匠人才也越来越稀缺，同时也面临着老龄化的问题，年轻人做"手艺人"的意愿也不强烈，所以很多传统手艺面临失传，另外，传统工艺品一般都是纯手工打造，难以大规模生产，也难以做到完全标准化，所以这一领域亟须一套务实的平台或机制，使之具有生命活力。"师徒制"仍然是乡村手艺传承的主要途径，但是师徒制培育人才周期长，很难满足市场需求，所以，各地应开拓多元化的工匠培育模式，通过建立工匠工作站、大师工作室等多种渠道，传授传统技艺。另外，还可以开展传统手艺进校园的活动，让孩子们从小感受传统手艺的魅力，激发学生的动手能力和学习兴趣，让他们从小就了解和热爱这些老祖宗留下来的宝贵精神财富。同时，还可以在一些职业技术院校开设相关专业，批量培养专业人才，不断充实乡村工匠的人才队伍。

**（三）吸引善经营的"农创客"，带动农民创富**

随着 IT 技术、大数据等新兴产业与传统行业的深度融合，很多"创客"把创新创业的目标瞄准到了农村这片未完全开发的天地，他们一般具有较高的学历，具有创业精神和探索精神，能够深入一线，我们叫他们"农创客"。他们是一个兼具青年与人才双重身份的新角色，为推进"农业高质高效、乡村宜居宜业、农民富裕富足"注入了新的活力。这些人才通常是带着想法、带着项目来到农村，但能否待得住、留得下？这就需要当地政府做好人才引流工作，同时不断优化营商环境，积极推进人才引进的激励措施的落实，完善交通、卫生等基础设施建设，实施税费减免，推动教育资源的均等化。同时，政府相关部门要做好思想引导，积极开展相关培训，加快"农创客"对当地的了解进度，促进他们扎根农村，帮助他们解决在创业、做项目过程中遇到的各种资金和政策方面的问题。

近年来，各地都非常重视"农创客"在"三农"发展中的重要作用，例如：毕业于宁波大红鹰艺术学院艺术设计专业的唐平冬，作为最早一批的"农创客"，在温州泰顺县发展"互联网＋养鸡"，创立了"生鲜侠"，利用区块链技术，把鸡蛋做成了网红产品，他不拥有任何一家养鸡场，而是将鸡蛋的生产和鸡的养殖交给养鸡专业户来做，他利用区块链溯源技术，为了方便记录每一只鸡的成长过程和数据，他为每只鸡戴上脚环，为每一枚鸡蛋做身份编码，保证产出的每个环节都可以追溯，在很大程度上保证了食品的安全，同时也降低了农户的经营风险。这种模式经过3年的试运行，逐步发展起来，销售范围进一步扩大到全国范围内，得到了消费者的认可。唐平冬自身发展的同时，他还与中国农业大学合作开展"青年农夫"培训活动，为魅力乡村的建设不断培养新一代的接班人。无独有偶，宁夏平罗县的"农创客"高兴廷，把过去农民烧火取暖用的玉米芯和玉米秸秆变成了宝，他将玉米芯和秸秆经过设备加工粉碎，然后利用发酵工艺，分类提炼，把这个昔日农民的烧火柴变成了饲料、燃料或肥料，既解决了农村秸秆焚烧污染环境的问题，又增加了农民就业机会，提高了当地农民的收入水平。还有学者提出了"创庄园"的扶助模式，即随着城市群体对生活品质要求的提高，他们渴望享用到农村原生态的米、面、油、蔬菜、农副产品等，通过创庄园这一平台开展购销活动。同时在平台上还可以推广和销售乡村旅游项目。通过平台，使消费者直接与农户对接，没有中间环节，同时保持产品的追溯链条，保证品质的同时确保安全。

**（四）落实乡村科技特派员制度，继续拓宽服务领域**

乡村科技特派员制度是 2004 年起在河北省开始实施的制度，到 2021 年底，乡村科技特派员的备案人数为 6 797 人，已覆盖了全省乡镇的 67% 以上，预计在 2025 年可以达到 1 万人[①]，从规模上看，这支队伍发展速度快，规模大，为河北省的乡村振兴大业起到了积极的推动作用。

乡村科技特派员依托自身的专业背景，开展实地的指导和答疑解惑。例如：湖北咸宁的嘉鱼县建立了典型的生态农业示范基地，该基地就是在省级科技特派员指导下开展实施推广的，采用"选菜科研＋品种培育＋示范推广"的立体模式，覆盖了蔬菜集约化育苗、标准化生产、综合病虫害防治、初加工等全产业链关键技术。近年来，该基地充分利用科技特派员技术指导，带动群众对老化低产蔬菜基地进行改造升级，形成了"以短养长""一地多产""一品多收"的立体农业生产模式，提高了农产品产量，增加了农民收入。省级科技特派员、武汉市农科院蔬菜专家徐翠容说："我们按照引进一批、示范一批、推广一批的思路，开展新技术、新品种试验示范，手把手向农民传授技术知识，让他们看到了实实在在的效果。"嘉鱼县科学技术和经济信息化局副局长陈向军表示，将充分发挥科技特派员工作职能，采用科技特派员"面对面""手把手""田到田"的方式，通过培训会、专题讲座、现场指导等形式开展蔬菜栽培、病虫害综合防治等农业实用技术培训，把一大批农民培养成学得会、用得好的"新农人"。

河北农业大学设施农业科技特派员高洪波，被农民们亲切地称为菜博士，自从业以来，每年有三分之二的时间在生产一线，奔走于农民的田间地头、蔬菜大棚，能够解决农民农业蔬菜种植的技术问题是她觉得最幸福的事情。她常年累月地深入生产实际，和农民摸爬滚打地在一起发现并解决问题，成了农民心中的主心骨。作为一名科技特派员，光有技术是不行的，还要有矢志不渝的"太行山精

---

① 数据来源：中国新闻网 2021 年 12 月 16 日。

神"，他们有奉献精神，热爱自己的专业，即使条件艰苦，也不影响他们对这片土地的热爱和付出。

张晓文，北京林业大学博士，是北京农业机械研究所的一名技术人员，他深知深入生产一线的重要性，用一年的时间共完成了28家温室建设方案和图纸的审核，同时他还积极参加相关部门主办的"北京农业科技大讲堂"的直播活动，分享大棚的设计和建设注意事项，不断地把新思路、新方法介绍给需要的农户和农业种植机构，他以多种形式为设施农业的发展提供指导和建议。他非常关注市场的变化和用户的需求，在新技术的开发过程中，注重与生产实际相结合，通过多种方式将研究成果转化实施，为企业和用户在技术和设施方面保驾护航。

### （五）"三农"服务人才来自各地农业农村局

农业农村局主要负责所在地"三农"工作的组织统领以及整体协调工作，负责国家有关"三农"方面的政策、方针和相关规定的落地执行，承担着乡村特色产业的开发、农产品市场开拓及深加工等涉农发展工作，同时还肩负着指导农业产业技术体系和农业技术推广体系的建设。他们是与"三农"接触最紧密的一类服务人员，他们最了解农民需要什么，农村发展的短板在哪里，农业发展在哪里卡脖子。十几年来，也涌现出不少为农服务的先进人物。赵帅，一位老农业技术员，毕业于保定农业专科学校，曾任蔚县农业农村局蔬菜站站长、蔚县古堡振兴科技指导队协调领导小组副组长，他用实际行动诠释了为农的初心。他常年深入田地里，每年下乡的时间超过200天，农忙的时候，他就连续驻扎在村里，发现问题，现场研究，立马解决，成了乡亲们实实在在的主心骨。从事农业服务30多年来，他撰写了300多万字的农业科技笔记，使1 200多家农户获益，引进了100多种的农作物示范新品种，包括：蔬菜类、谷子类等，推广了60多项农业技术。"张杂谷"这一谷类品种在蔚县当地是比较有名的，这就是赵帅最先为农民引进并示范推广的成果之一，该品种产量相比传统谷种产量翻了一番，大大激发了当地农民种植谷子的热情；另外，他还推广示范了在高山旱地区域示范推广种植大白菜，为了提高产量，节约劳动力，赵帅大胆在当地推广无公害种植、智能化生产以及品牌化营销，2 万多亩高山旱地大白菜发展成为当地村民脱贫的重要产业。这些都凝聚着这位科技工作者手把手的技术指导和面对面的热情服务。

### （六）"三农"服务人才来自高等院校及研究机构

高等院校学科门类比较齐全，科学研究的氛围很浓厚，多学科之间相互交叉和渗透，适合进行一些综合性的课题研究和跨学科横向研究。同时，高等院校内部人才相对集中，实验设备和设施比较齐全，有些高校还拥有国家级或省级重点实验室，为有效地服务"三农"提供了硬件和软件方面的支撑。高校教师和科研工作者，不仅是知识的传授者和输出者，还是学生的启发者和领路人，大学生年富力强，具有丰富的想象力，他们常常提出一些富有启发性的新见解、新问题，促使教师去思考和研究，不断地为科学研究提供新的研究方向和新的生长点。教师在教学相长的过程中，不仅促进了教师的科研能力的提升，而且培养了学生的创新精神和创新能力。"三农"服务是一个广阔的领域，甚至有些是全新的领域，需要有一些创新的思路来解决传统的问题。高校的学生中有相当一部分来自农村，他们从小在农村长大，对农村的发展有着很炽热的期待，也真正知道农民最需要的是什么，他们是成为当代"新农人"最适合的人选。所以高等院校，尤其是高等农业院校要担负起"三农"服务的人才培养工作，加强习近平新时代中国特色社会主义思想的宣传，积极组织大学生社会实践，在政策调研、决策咨询等方面有所作为，探索构建以高校为依托的农业技术推广应用、成果转化新模式，充分利用高校的人才智力资源，推进科研优势快速转化为生产优势或市场竞争优势。

2023 年 6 月 30 日，教育部组织了高校消费帮扶联盟，主旨是"高校携手助农，组团帮扶振兴"，主要帮扶农特产品销售，参加展销会帮扶的有 20 所高校，被帮扶的农特产品企业有 34 家，品类涉及大米、茶叶、杂粮、禽蛋等五十多个。高校组团式地开展消费帮扶工作，可以充分发挥各高校学科特点及优势，并拓展各高校定点帮扶县的农特产品销售渠道，有效激发帮扶地区持续发展生产的内生动力,为推进实施乡村振兴战略作出积极贡献。

科研院所主要指中国农业科学院以及各地的省市级的农业科学院。中国农业科学院是国家设立的中央级农业科研机构,是全国综合性农业科学研究的最高学术机构,是农业及农业科学技术战略咨询机构,是"三农"领域国家战略科技力量,担负着全国农业重大基础与应用基础研究、应用研究和高新技术研究的任务,致力于解决我国农业及农村经济发展中公益性、基础性、全局性、战略性、前瞻性的重大科学与技术问题。中国科学院汇集了"三农"领域内的顶尖专业人才。

河北省农林科学院成立于 1958 年,是河北省人民政府直属综合性农业科研机构。主要从事粮、棉、油、蔬菜、果品等作物优良品种选育,优质高产高效耕作栽培技术的应用研究;抗逆生理、生物技术等应用基础研究和高新技术研究;承担农业开发性研究、农业科技成果转化等任务,着力解决全省农业生产中的重大关键科技问题。现辖 12 个专业研究所,建有农业部黄淮海大豆生物学与遗传育种、农业部黄淮海半干旱区棉花生物学与遗传育种、农业部华北北部作物有害生物综合治理、农业部农产品质量安全风险评估 4 个国家级重点实验室和 8 个农业部科学观测实验站,有国家谷子改良中心、国家梨改良中心、国家苹果改良中心河北分中心、国家棉花改良中心河北分中心、国家高粱改良中心河北分中心、国家大豆改良中心石家庄分中心、国家小麦改良中心衡水分中心 7 个国家级中心(分中心)和国家环渤海地区园艺作物种质资源圃、国家优质粮食产业工程河北省玉米区域技术创新中心,11 个省级创新平台和 17 个综合试验站、实验基地;建有 2 个院士工作站,博士后科研工作站具有独立招生资格。

# 第二节　乡村振兴战略背景下"三农"人才服务基层的原则及现实意义

## 一、乡村振兴战略背景

2017 年在党的十九大报告中,党中央作出了实施乡村振兴的重大决策部署。

这是新时代各级政府机构"三农"工作的总抓手，河北省是农业大省，做好"三农"工作具有特殊的重要意义。河北省人大常委会 2022 年通过了《河北省乡村振兴促进条例》（以下简称《条例》）。《条例》指出，实施乡村振兴，产业振兴是基础，人才支撑是关键。

全面推进乡村振兴，必须健全党领导农村工作的组织体系、制度体系、工作机制。《条例》规定，促进乡村振兴应当坚持中国共产党的领导，贯彻新发展理念，统筹推进农村经济建设、政治建设、文化建设、社会建设、生态文明建设和党的建设；建立乡村振兴工作领导责任制，落实省负总责、市县乡抓落实的工作机制，建立健全考核评价制度、工作年度报告制度和监督检查制度；建立政府、市场、社会协同推进机制，鼓励支持社会各方面参与乡村振兴活动；将乡村振兴与京津冀协同发展等国家区域协调发展战略相融合，加强与北京市、天津市等周边地区的协作。

脱贫摘帽不是终点，而是新生活、新奋斗的起点。设置"脱贫巩固"专章，是《条例》的特色之一。为做好脱贫攻坚成果同乡村振兴有效衔接，《条例》专门规定，保持过渡期内主要帮扶政策总体稳定，确保不发生规模性返贫；建立健全防止返贫动态监测和帮扶机制；全面落实学前教育、义务教育、高中教育、职业教育和高等教育等各阶段教育帮扶资助政策；健全防范化解因病返贫长效机制、农村住房安全保障长效机制、农村饮水安全动态监测机制；实施农业特色产业提升工程，促进脱贫人口就业增收；建立健全异地搬迁后续扶持机制，促进搬迁群众安居乐业。

全面推进五大振兴，产业振兴是重中之重，是解决农村一切问题的前提。为此，《条例》规定，严格落实粮食安全责任制，实施藏粮于地、藏粮于技战略，建立健全多元粮食储备体系和农民种粮收益保障机制，落实最严格的耕地保护制度；编制实施现代种业发展规划，推动农作物、中药材、食用菌、畜禽和水产等种质资源保护体系建设；支持环京津地区发展现代都市型农业、休闲农业，提升服务京津高端化、多元化消费需求的能力；加强农产品区域公用品牌的培育、保护和推广，发展绿色食品、有机农产品和地理标志农产品，推行食用农产品承诺达标合格证制度；发挥龙头企业示范引领作用，提高产品附加值和综合效益，提升联农带农水平；推进产业融合，发展乡村新产业新业态，推进新型农业经营主体与农民建立利益联结机制，促进农民增收。

## 二、乡村振兴战略背景下 "三农" 人才服务基层的现实意义

乡村振兴以五个方面的振兴来具体呈现，即乡村产业振兴、乡村人才振兴、乡村文化振兴、乡村生态振兴、乡村组织振兴。其中人才振兴是乡村振兴的基石，起到重要的支撑作用。人才是国家振兴和社会发展的主力，所以要积极培养有才有能力的专业人士。但是目前农村人力资源严重外流，仅仅依靠农村本地人才来实现人才振兴，远远达不到要求，所以农村需要各地 "三农" 人才通过各种途径和方式积极投入为乡村建设服务的队伍中，共同为农村的人才振兴贡献力量，进一步推动乡村振兴事业的大发展。"三农" 人才服务基层的重要意义主要表现在以下几个方面：

### （一）坚持 "三农" 人才服务基层，有利于推动农业产业升级

实现中华民族伟大复兴，最艰巨最繁重的任务依然在农村，最广泛最深厚的基础依然在农村。采取有力措施，充分调动农民种粮积极性，筑牢粮食安全根基，把中国人的饭碗牢牢端在自己手中。坚持 "三农" 人才服务基层，有利于推动农业产业升级，进一步稳固粮食安全的根基。我国政府一向重视农业生产，出台了很多有利于农业发展的扶持政策，科技人员在技术创新方面也有了一些新的突破，产品市场也有进一步的开拓，这些都为农业产业的提档升级提供了基础性的条件。农业的提档升级还需要进一步优化农业生产结构，提升优质、安全的农产品的比例，加快发展农业特色产业、完善富有吸引力的乡村旅游线路。同时，充分利用互联网技术对产业的强大支撑作用，大力发展数字农业、农产品物联网，进一步实现科技兴农，让产业升级搭上互联网的快车道。另外，农业产业的提档升级离不开农村一、二、三产业的深度融合，发挥农业的基础性作用，促进农业与其他

产业的交叉融合，互相驱动。最后，农业的提档升级需要有内涵和具有可持续发展力的品牌引领，通过树立农业地方特色品牌，进一步提升农业产业的竞争力和发展的可持续性。加强产业协同和产业链条完善，推动农业与其他产业的交叉融合和协同发展。完善农业产业链条上的各个环节，加强上下游企业之间的合作与协同，提高产业链的整体效能和竞争力。

**（二）推广"三农"人才服务基层，有利于实现农村人力资源质量的提升**

河北省农村人力资源的区域差异明显，整体素质参差不齐。若说以前的扶贫是"授之以鱼"，那现在的乡村振兴战略就是"授之以渔"，通过"三农"人才深入田间地头，手把手教授农民农业技术，解决农业种植问题，进而带动农民多学习新技术、多受新思想的熏陶，为他们打开了精神家园的大门，激发他们爱学习、多创新的热情，有利于农村人力资源质量的进一步改善和提升。乡村振兴，关键在于人的振兴。近年来，农村人才的流失是比较严重的，无论是求学的学生，还是闲置劳动力，很大部分都希望留在城里，不想再回到农村去。原因很简单，农村发展机会少，子女教育条件相对落后是很重要的原因。所以，要想改善乡村总体人力资源质量，必须要创设珍惜人才、留住人才的良好环境，完善留住人才的软硬件设施，只有先铺好路，才能真正留下人。

**（三）"三农"人才扎根基层，有利于形成农业产业人才的集聚**

人才的集聚和产业发展是相辅相成的，政府层面通过激励机制或平台鼓励人才扎根农村，会在一定程度上吸引人才的进入，达到一定数量就可以形成人才的集聚效应，这将极为有力地推动地区农业产业的发展和提档升级。"三农"人才的聚集可以快速带来农业资源、市场信息以及资金的聚集，如此一来，农产品的销售问题、农业设备的使用问题以及农业产业链的搭建等问题都会迎刃而解。人才的集聚需要有完善的产业技术体系，例如，安徽省 2021 年组建了"十四五"期间现代农业产业技术体系，依托安徽省农业产业优势，组建了 12 个行业体系，主要以农产品为单元、产业为主线，包括水稻、小麦、玉米等专项体系，还有 6 个其他农业专项体系，主要包括农机装备、农业信息化等。这些产业技术体系"设计师"均来自省内农科院及涉农高校；产业体系中还涉及 300 多名岗位专家、近 200 家的农业科技综合试验站、60 多家农产品推广机构、70 多家农产品深加工企业。行业体系几乎聚集了全省各市、县具有知名度的头部涉农企业。整个产业技术体系中，有大批的中青年农业科技工作者加入进来，其中不乏硕士、博士，占总参与人数的 80%，这些人年纪不大、业务精湛、专业能力强、待人真诚，为省内现代农业产业技术体系创新团队增添了无限活力。

总之，农业的振兴、农村的发展、农民的幸福需要一批懂农业、有情怀、有能力的人才来规划蓝图并付诸实施。当然，要吸引这些人才投入到广阔农村中来，只靠情怀是不够的，还需要恰当的激励机制和服务保障机制，这样才可以长期地留住人才，同时还要积极兑现基层人才差别化生活补助、税费减免、用地住房、科技创新等方面的奖励、扶持政策。

## 三、"三农"人才服务基层的原则

### （一）系统原则

系统原则就是在系统论的基础上提出问题、分析问题，提出解决对策。"三农"服务相关工作的开展不是某一个或某几个部门的职责和任务，可能会与多个机构有着直接或间接的关系，所以用系统论分析"三农"服务过程中存在的问题及其成因，并对其进行有效的管理，才能从根本上提高服务的效率，实现预期的服务目标。实现系统性原则的前提就是目标明确，即"三农"服务首先要理清要解决什么问题，需要什么服务，要有具体的目标，不可随意生成。科技服务目标要来自市场供需与科研院所自身的科研能力的均衡。这两者的妥善结合，是"三农"科技服务管理能否成功的决定性因素；其次目标要具有全局性，"三农"服务不可能由某个人或某个部门单独完成，多数情况是需要各部门通力配合、全面规划，深层次挖掘问题的成因，理解经济和社会发展的规律，不能急功近利。再次，要注意目标的层次性，在"三农"科技服务工作中，要做好大目标与小目标，前端目标与后续任务之间的关联和层次递进关系。

## （二）人本原则

在"三农"服务中，无论是从服务的需求方还是供给方都要以人为本，即做好人员激励、科学组织，充分调动人的主观能动性和创造性。在团队组建方面，要考虑性格互补、专业互补的原则，保证人与人之间相处舒适、相互尊重，才能实现愉快高产的工作。人本原则要求从人的需求出发，分析个体不同层次的需求，由此设计有针对性的激励措施，有针对性地满足不同人的需求，同时激励措施还要随着个体需求层次的演进适时进行调整。

## （三）价值原则

"三农"服务是科技工作者利用知识、资源、经验实现变现的过程，这个过程是有价值增值体现的。所以"三农"服务的数量和质量的评价必须遵守价值原则。当然这种价值可以体现在物质方面，也可以体现在精神方面。价值原则的执行通常要遵循等价的规则，一旦一方觉得自己付出的少于自己所得到的价值，就会产生心理上的不公平感，就会在行动上减少付出，以求得内心的舒适。同时，"三农"人才服务的结果在一定程度上体现了他们努力的价值，包括物质的产出、问题的改善、服务对象的认可、所在单位的奖励和认可等形式。所以基于价值对等原则，"三农"人才派出单位一定要从多层次、多维度设计激励政策，体现出服务人员的价值，进一步鼓励更多的人加入"三农"服务的队伍，为乡村振兴贡献力量。

## （四）坚持公益与市场化相结合的原则

在河北省的广大农村，在产业规划、农产品布局、特色农产品经营等方面都存在着很多共性的问题，都有共同的需求，这不是单个人可以解决的问题，而是综合性的问题，需要多方机构来协调解决，所以"三农"人才服务乡村地方经济这件事情绝不可能做成纯粹谋私利的项目，一定是具有公益性质的项目。公益性项目是指那些非营利性和具有社会效益性的项目。公益性项目是以谋求社会效应最大化为目的，一般具有规模大、投资多、受益面宽、服务年限长、影响深远等特点。

乡村振兴各项目标的实现需要大量的资金的投入，政府投资占主导，民间的慈善捐助也不在少数。例如，2023年8月31日，《民政部关于表彰第十二届"中华慈善奖"获得者的决定》正式发布。凭借在公益捐赠、志愿活动及乡村振兴等多个慈善领域的突出贡献，中国平安荣获第十二届"中华慈善奖"。这也是自2005年首届、2008年第二届、2021年第十一届"中华慈善奖"之后，中国平安第四次获得这项中国公益慈善领域的最高级别奖项。据悉，2018年至2022年的5年间，中国平安累计慈善捐赠总额超13亿元；2018年至2023年8月，中国平安累计投入产业帮扶资金达到1 020.64亿元。

所谓市场化即在开放的市场中，以市场需求为导向，以竞争的优胜劣汰为手段，实现资源充分合理配置，效率最大化目标的机制。在实现乡村振兴的过程中，有一些项目是需要经过市场的检验的，例如，特色农产品的培育和开发，方案是否有效，收益是否可持续，消费者是否认可这都不是研发人员和农民说了算的，是需要经过市场优胜劣汰机制进行筛选的。所以"三农"人才服务基层的工作性质具有一定的公益性质，但是服务的结果如何是需要市场检验的，最终的目的是实现农业发展、农民增收。

**（五）坚持服务"三农""最后一公里"原则**

服务"三农""最后一公里"是指：农村和农业服务部门要进农村，进百姓家和田间地头及作业场地开展服务，手把手教会农民开展农业活动。

在"三农"领域，"最后一公里"现象令人关注。比如，农技推广、农信服务、农水灌溉等，因为"最后一公里"的阻隔无法达到田间地头。金融服务、动植物防疫、家电维修等，同样存在"最后一公里"问题。早几年，乡村道路、广播电视、通信邮政等，也都面临"最后一公里"难题。可以说，"最后一公里"已成为制约涉农服务进村入户、进场到田的最后一道"瓶颈"。

仔细分析涉农领域的"最后一公里"问题，有两个主要原因：一是客观因素。由于农村居民居住分散，有的山高水远，许多地方险峻复杂，别说通水通电，连人行走都困难重重，基础建设设施设备进村入户难度很大。没有长时期坚持不懈的攻坚克难，很难在短时间解决所有"最后一公里"问题。二是主观因素。过去长期存在的城乡二元思维，导致重城市轻农村的发展思路，农村基础设施薄弱，许多该建该修的设施因为条件不成熟而缓建缓修，时间一长，"三农"领域欠账严重。认清这两个原因，对我们抓住机遇做好当前和今后一段时期的"三农"工作很有意义。从客观因素来看，"最后一公里"现象由来已久，恰恰说明了"三农"工作的长期性、艰巨性和复杂性。改革开放以来尤其是近十多年来，"三农"工作取得了巨大进步，粮食连年增产，农民连年增收，农村社会保障开始建立健全，基础设施建设逐步加强。但是，如果因此认为做好"三农"工作的难度并不大，所有难题或者最大难题已经从根本上解决，基础已经很坚实很牢靠，不再需要下大力气夯实加固，既与事实不符，也事与愿违。因为已经取得的成绩告诉我们，从根本上解决"三农"问题绝非一日之功，尤其对我们这样一个人口大国，既要保障粮食安全、保障农产品供给，又要加快推进工业化城镇化，更要做好长期真抓实干的思想准备和行动准备。从主观因素来看，"三农"工作历史欠账太多，需要尽快把历史欠账补上，更需从长计议，持续加大对"三农"工作投入力度。这些年，中央财政对"三农"支出从 2003 年的 2 000 多亿元，到 2018 年的 2 078 156 亿元 [①]。可以说，党中央强农惠农富农政策是"三农"面貌发生深刻变化的最有力支撑。但正如农业政策专家所言，对"三农"工作再怎么重视也不为过，再怎么投入也不为多。党中央连续九个一号文件表明，"三农"工作只可加强不能削弱。

---

① 数据来源：《中国农村发展报告》（2019）。

"最后一公里"现象警醒我们，务必保持清醒的头脑，始终把"三农"工作的落实放在重中之重的位置。另外，服务好"最后一公里"还要从农民的思想意识上下功夫，即这"最后一公里"具体还可以指的是农民的觉悟，虽然国家铺了路，但是农民能不能走成功还是个问题，俗话说"修行靠自己"，只有激发农民真正自己内在的发展需求，才会真正有助农效果。所以，"三农"服务的效果要首先摸清老百姓的真正需求，打通堵点；然后才是补齐短板，推陈出新。

### （六）坚持服务对象发声和评价的原则

"三农"服务的主要对象是农民或农业活动从业者，"三农"人才从自身专业角度出发为"三农"产业赋能，赋能结果如何？是需要服务对象来评价和反馈的，这种反馈不是"挑理"，也不是告状，而是就服务的出发点、服务的过程、服务的方式、服务的价值、服务的结果等方面反馈具体的信息，以便"三农"人才可以清晰地了解哪些需要调整，哪些需要改进，进而提高服务的效果和质量。既然是服务，我们就应该拿出对待客户的态度来对待我们的服务对象，设置通畅的反馈和评价途径，虚心地接受来自各方的意见或建议，真正体现为人服务的价值和荣耀。常见的服务对象发声和评价的方式有以下几种：一是相关部门通过走访调研获得农民对于助农服务的认可度的信息，群众的眼睛是雪亮的，群众的体会也是最真切的；二是通过服务项目的价值评估（市场认可度、经济效益等）来反映服务的针对性和具体效果；三是通过相关服务或政府平台提供反馈或评价渠道。只有敢于聆听群众的呼声、敢于接受群众的反馈，我们的服务"三农"工作才更有改进的动力，也可以在最大的范围内提升服务质量，真正服务农民。

# 第二章　相关基础理论及研究综述

## 第一节　相关基础理论

特定人才下基层服务实际上是属于一种人才流动和利用的形式，本质上是人力资源服务社会且在一定范围内实现其自身价值的一种活动。因此，国内外对于特定人才下基层服务的相关研究大多将其落脚点放在人才流动的动机、现状、方式、效果等方面。人才流动和配置理论的发展是由早期的人口流动理论演变而来的。早期的人口流动理论主要研究方向是人口迁移问题，具体指农村人口向城市转移产生的问题。虽然特定人才服务基层不一定涉及人口的迁徙，但是其中的底层逻辑相类似。

### 一、刘易斯的人口流动理论

第一个提出人口流动理论的是威廉·阿瑟·刘易斯，他提出了二元经济模式，这一理论模式在我国城乡协调发展的过程中被反复应用，也能够在一定程度上解释我国广大农村地区发展过程中出现的一些问题，他认为在二元经济模式下产生的人才流动主要是由于城乡发展不均衡以及农业生产效率的不断提升带来的剩余劳动力的产生。我国农业目前正在朝着集约化的路径发展，农业劳动效率相比改革开放初期提高了数倍，所以大批农村闲置劳动力进城务工，这是第一波农业劳动者向城市迁移。近几年，随着互联网技术、区块链技术、大数据以及云计算等技术的广泛应用，农业产品也需要借助这艘技术大船，扬帆出海，这其中有很大的利润空间和社会价值。麦茜（Massey，1993）认为人口区域间的流动主要是受到劳动力供需的空间影响，劳动力倾向于流向资源禀赋较高的地区，如今，对于农业技术类专业人才而言，农村相比城市而言具有较高的资源禀赋条件，所以会出现农村劳动力回流的现象。托达罗从"经济人"的角度对人才流动作出了新的解释，他认为之所以会有人才流动，是因为地区之间发展存有差异。相对个体需求而言，主要是通过计算迁移的成本－效益而得出的结论，最终来决定是否流动。所计算的成本包含生活费用、学习费用、娱乐费用等，效益则包括个人价值体现、工资待遇高、生活环境舒适等。如今，由于人们生活观念的转变，更加注重生活环境、饮食健康，所以人才向有特色的农村地区流动从个人角度而言有了较强的动机。

## 二、人才流动的动因说

社会心理学教父、美国心理学家勒温提出了场动力理论，该理论指出了个体与其所处的人文社会环境之间的关系，这一理论的关系可以通过以下公式来说明：

$$B=f（P×E）$$

式中：$B$ 代表个体绩效或个体行为表现；$f$ 表示一种函数关系；$P$ 为行为主体的能力；$E$ 代表心理环境或社会环境。

公式表明个人绩效的实现与个体的能力以及所处的环境三者因素紧密相连。个人良好绩效的实现不仅与个体自身的能力有很大的关系，同时也与个体所处的环境不可分割，即如果一个人处在一个不友好、不舒适、缺少工作激励的工作环境中，他是很难发挥他的能力的，进而也无法实现较高的绩效。所以当一个人绩效低下的时候，要想提高其绩效除了通过培训提高其职业能力或技术水平之外，还可以通过改变周遭环境进而改善绩效。

日本学者中松义郎认为，当我们身处一个群体当中，要让个体与群体相结合，朝着一个方向前进，这样既能充分发挥个人才能，又能保证群体利益最大化。如果因个体心情不好或是工作环境差的情况，个人能力无法尽情施展，尤其是个人被群体排斥时，容易心情压抑，从而造成工作效率下降。因而，个人绩效和群体之间是一种函数关系，两者相互影响、相互作用。

马奇和西蒙（1958）指出，影响人才流动的原因主要有两点：一是工作环境，人才会衡量在这个位置是否能发挥自身价值、被看重、心情愉悦，以此决定是否在这里工作；二是外部条件，人的欲望是无止境的，很容易受到外界因素的干扰，这些干扰一旦超越所处自身环境的吸引力，人才极可能会流走。

## 三、人力资本理论

农业农村农民问题不仅仅是我国才存在的现实问题，在世界各国发展过程中都不同程度地成为国家制定政策的主要领域，各国都会采取有利的政策促进农村地区的发展。所以，"三农"问题是在世界范围内热议的问题，只是由于各国国情不同，政策的风格和特点也大相径庭。

人力资本理论最早是由经济学家亚当·斯密提出来的，他在1776年出版的《国富论》中提到，工人劳动熟练程度的提升和劳动工具、劳动地点的便利性等同样被看作固定资本，即为了使劳动者的劳动熟练程度提高，企业所有者会为此投入更多的时间和金钱，但是，这些投入会以劳动效率的提高、产出水平的提高以及劳动者积极性的提升等形式体现出来。这一观点在经济学家欧文·费雪的《资本的性质和收入》一书中也得到了认可，他认为，凡是可以带来价值增值的东西都可以称作为资本，因此当人的活动能力能够带来价值增值的时候同样可以被称作资本。

20世纪60年代，长期从事农业研究的西奥多·W.舒尔茨在不断的实证研究中发现：工人报酬的多少与其自身智力水平和工作技能水平有很大的相关性。舒尔茨在题为《人力资本投资》的演说中，正式提出了现代人力资本理论。舒尔茨认为，人力资本与物质资本是相对应的，人力资本主要包括人所具有的性格、品德、知识、技术水平、工作经验、健康状况等。西方人力资本理论的提出，是现代经济学的重大进步，把经济增长中人的作用提升到史无前例的高度，对当今我国的经济发展，特别是农村地区的发展可以提供很多启示。乡村振兴中增加人力资本的投资是一个重大的进步。国内外的经验表明：政府应该成为人力资本的首要投资者，主要包括教育、医疗、职业技能培训这几个方面，从而加快国家的经济增长和社会进步。

## 四、农业产业链理论

产业链相关理论起源于 17 世纪中后期，是英国古典经济学家亚当·斯密在劳动分工理论的基础上提出的。早期的产品产业链管理主要是企业为了充分利用自身所拥有的有限资源，开始关注企业的内部相关联的生产活动。近代著名的英国经济学家、剑桥大学教授马歇尔进一步把劳动分工从企业内部扩展到企业外部，强调行业内部各企业之间协作共赢的重要性，这就是我们现代意义上的产业链。到 20 世纪 50 年代末，美国经济学家艾伯特·奥图·赫希曼又进一步提出了在产业层面向前或向后延展的产业链的概念，突出强调了产业关联度对企业战略选择的影响程度。向前延伸是指产业 A 中的产品恰好是产业 B 生产过程中的必要原材料或半成品，例如农业产品（棉花）可以成为纺织产业的投入品或原材料；向后延伸是指产业 A 在其生产过程中需要从产业 C 中获得其原材料或投入品，如图 2.1 所示。

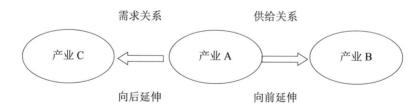

**图 2.1　农业产业链示意图**

20 世纪 50 年代产生了农业产业链的概念，即与农业产品有着直接或间接的相关产业所组成的链式或网络式结构。这些相关产业包括：农业生产前的科研阶段、农资设备的制造生产等产业部门，农业生产过程中的产品种植、畜禽饲养、技术服务等，农产品生产后的深加工产业、仓储物流产业、销售行业等，如图2.2所示。各国对农业产业链的称谓不尽相同，但都是按照现代化大生产的要求，在纵向上实行产加销一体化，在横向上实现资金、技术、人才、信息等要素的集约经营，形成生产专业化、产品商业化、服务社会化的经营管理格局。

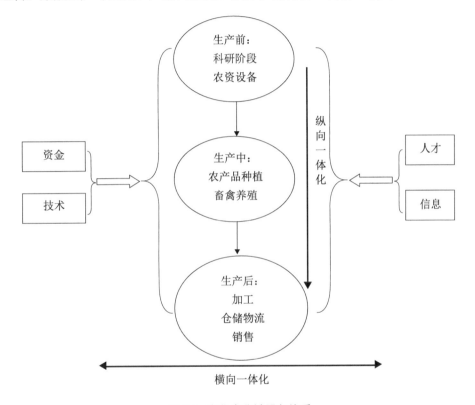

图 2.2 农业产业链服务体系

# 第二节 国外研究综述

国外对于"三农"人才服务基层的研究大多都是以研究国家政策为主要线索，课题组查阅了大量的相关文献发现：发达国家在发展经济的过程中，也经历了农村城镇化的过程，例如荷兰、日本、美国、法国等国家，在这期间也在采取各种政策措施扶持农村的发展，比较著名的项目，例如日本的"造村运动"，这一举措的代表性做法是推行"一村一品"战略，制定适合当地发展的策略；同时，不断完善相关的法律和法规，营造良好的农村营商环境，进而吸引资金，吸引人才；鼓励农民自力更生，充分挖掘农民群体的力量；发挥农协作用，把农民有效组织起来。下面就韩国、法国、日本、德国、美国的乡村发展政策及服务作简单综述。

## 一、韩国的"新村运动"

韩国政府举办了"新村运动"，全称为"新农村建设与发展运动"，目的是促进农村的经济发展和社会进步，进而缩小农村与城市发展之间的差异。"新村运动"主要从三个方面进行乡村改革：一是政府牵头；二是村民自治；三是村庄特色不能丢，按照乡村自身特色，分类进行管理和规划。"新村运动"不是政府官员提前规划的，是大批学者和农业实践者在实践中逐步摸索出来的。农民始终是运动的主体，这是"新村运动"的显著特征，其目的是实现广大农民的脱贫致富。

## 二、法国的城镇化经验

法国是一个农业强国，也是世界第二大农产品出口国。其城镇化的经验在某些方面值得我们学习和借鉴，主要包括：第一，法国城乡的合作化政策为农村的快速发展奠定了基础；第二，各级政府和机构极为重视农业相关立法的建设；第三，加强三产的融合；第四，非常注重农业管理和科技人才的培养。法国的涉农高校是相对开放的，广泛接纳农民的参与，农民可以方便地进入学校学习，可以随时去任意一所涉农学校的图书馆里面查阅自己所需要的相关书籍和文献资料，还可以免费参加任意一所学校举办的新技术培训活动。学校还免费为农民自发组织的各类农业活动组织进行技术服务。法国的农业资源与发展服务中心本着促进农业发展的目的，负责培训农业组织的骨干人员和研究人员，其下属的各农业专业技术研究所和农业技术中心具有承上启下的作用，是中央和地方、基础研究和应用研究、科研和推广、科研和生产紧密结合的重要渠道。

## 三、日本的农业技术服务系统

日本虽然国土面积不大，但是非常重视农业的高质量发展，该国采取的农业服务模式是由官方建立的农业改良普及系统为主导，民间自行建立的农业技术服务组织为辅助，两者相辅相成的农业技术服务体系。这种方式既具有灵活性又具有一定的约束性；这个系统为日本农业发展和农村建设起到了强有力的保障作用，它是由日本政府专门为解决农业发展困难所设立的科技服务网络，由政府牵头，农、林、水产各部门分工合作、各司其职。各县农业行政机构又分设下级机构，如：农业改良推广处和各级农业协会，其活动范围广泛，涵盖了农业金融、销售、农产品加工、培训教育、情报和医疗福利等功能。

## 四、德国的"村庄更新"

德国的"村庄更新"最早开始于 20 世纪初期，是循序渐进式乡村振兴的典型代表，这一模式的成功经过了长期实践的检验。在这一过程中，政府起着主导作用，先后出台了相关的法律法规来指导和规范实施过程。为了合理规划土地功能，德国政府 1936 年颁布了《帝国土地改革法》。为了改善农村基础设施，德国政府于 1954 年颁布《土地整治法》并首次提出"村庄更新"的概念。随着现代网络技术、生态理念的不断发展，"村庄更新"的概念也在不断地充实，进一步融合科技、生态、网络等发展元素，将乡村价值的多功能性体现得淋漓尽致。在"村庄更新"过程中不仅关注其经济价值，更加关注其文化价值、休闲价值以及生态价值的重要性，突出强调乡村的可持续发展目标。虽然德国"村庄更新"模式的周期比较长，但其效果和影响却是根深蒂固的。

## 五、美国的农业保护政策

美国农业的生产体系和研究体系处于世界领先的地位，这与长久以来美国政府对农业的支持和保护政策是分不开的。美国的农业保护政策始于 1929 年美国经济危机时期，农业发展遭受重创，农产品价格"腰斩"，农民收入急速下降，银行业也收紧银根，农业发展极为艰难。美国政府出台了一系列的支持和保护农业发展的政策。1933 年美国政府出台了《农业调整法》，该法明确规定了对农产品实施价格支持并限制供给数量，通过设立信贷公司，来给农业实现产业补贴。此法案的实施使农业发展很快恢复，但是随着科技在农业生产中的应用，农产品生产效率和规模发展很快，以致出现了农产品过剩的现象。所以，为了解决农产品过剩的问题，1954 年美国政府在《农业法》中引入弹性价格支持，同时增加农用地保留地制度，实现对种植面积的控制。2008 年，美国政府在《食品、环保和能源法》中进一步突出了生态保护、能源节约以及农业多样性对于农村经济发展的重要意义，支持和保护特种农业的发展，增添了农田休耕计划以保护耕地，同时还明确了在耕地保护方面的政府补贴制度。2014 年，美国政府出台的《食物、农场及就业法》对农田保护项目进行了完善，新增加了农业资源保护地役权项目和区域合作保护计划。2018 年《农业进步法》延续了四年前（2014 年）农业法案的补贴方式，但提高了价格损失保障的补贴标准，持续强化风险保障水平，以稳定农民收入与农业经济发展。

为避免在获得农业补贴方面的不公平现象发生，美国政府在 1938 年出台的《农业法案》中规定了可获取补贴的上限。2014 年《农业法案》中再次强调补贴只会发放给那些真正积极从事农业活动的人。2018 年《农业法案》延续了之前的资格限制，同时对获得补贴者的实际收入水平作了限制，如果农民年总收入超过 90 万美元将无资格申请政府补贴。美国政府通过对补贴获取资格的限制和获取补贴数额的限制，在一定程度上显示了政府政策的相对公平性。

除了以上国家的具体举措之外，荷兰的"农地整理"模式也是经过实践检验的比较适合当地的城镇化策略。国外的这些政策都需要我国政府和学者潜心研究，取其精华，去其糟粕，为我所用。总而言之，国外有关城乡融合、农业发展的研究比较多，我们可以在明确自身的特色和发展思路的基础上，借鉴国外的一些做法，使之更快地促进我国乡村振兴大业的实现。

综上，对国外相关理论的梳理，我们发现国外关于促进乡村发展的理论与实践的研究很多，为我国的乡村振兴过程中存在的一些问题提供解决思路。首先，国外对于人力资本的研究比较充分，国外对于人力资本的投资非常重视，而国内对于这方面比较欠缺，缺乏对人才的足够的重视，对于科技人员投入的培训不够，人力资本的投资较少。其次，美国、法国以及一些北欧国家的乡村发展已经进入成熟的阶段，在农村的合理规划布局方面值得我们学习和借鉴，特别是在保护乡村原貌、发展乡村特色产业方面以及完善乡村法治体系方面有很多值得我们借鉴的地方。最后，日本以及欧美国家的乡村发展的过程都具有一定的特殊性，都是根据当地风土人情以及本国的特殊国情而进行的，具有一定的借鉴意义，但是我们不能照搬其模式，还是要根据我国国情，结合乡村发展的实际以及农民的意愿，发展具有中国特色的乡村振兴模式。

# 第三节　国内研究综述

乡村振兴战略坚持农业农村优先发展，目标是按照产业兴旺、生态宜居、乡风文明、治理有效、生活富裕的总要求，建立健全城乡融合发展体制机制和政策体系，加快推进农业农村现代化。按照党的十九大提出的决胜全面建成小康社会、分两个阶段实现第二个百年奋斗目标的战略安排，2017 年中央农村工作会议明确了实施乡村振兴战略的目标任务：2020 年，乡村振兴取得重要进展，制度框架和政策体系基本形成；2035 年，乡村振兴取得决定性进展，农业农村现代化基本实现；2050 年，乡村全面振兴，农业强、农村美、农民富全面实现。

乡村振兴战略提出之后，引起了国内学者的研究兴趣，高校、政府及各类研究机构与此相关的研究百花齐放，呈现急速增长的趋势。下面主要从以下几方面梳理相关的研究成果。

## 一、关于促进乡村产业振兴的意义研究

产业兴旺是乡村振兴五项内容中的一个重要内容，是实现乡村振兴的第一要务，它对乡村振兴的意义是不容小觑的。国内学者对于产业振兴的研究比较充分，主要有以下几个方面：

姜长云从新发展格局与共同富裕两个方面进行了理论剖析，指出必须关注农民的共同富裕问题，基于此，姜长云分析了当前乡村产业发展中的问题和发展瓶颈，提出产业振兴的目标是促进农民农村共同富裕，促进乡村产业的快速健康发展。农业是国民经济的基础，农村经济是现代化经济体系的重要组成部分。推动农村的产业振兴是建设现代化经济体系的关键。

安晓明认为乡村产业振兴是乡村全面振兴的根本推动力，也是乡村振兴的经济基础。要想实现全面乡村振兴，首先要解决的就是农村产业布局不均衡的现象，必须走促进城乡融合发展的必由之路。这一措施的实施对重新构建农业产业体系，促进农村全面的发展，促进城乡协调发展和社会安定团结有着非常重要的现实意义，最终目标是促进农村经济可持续健康发展。发展农村现代化种植加工产业能够帮助农民打开致富思路，更新农民经营的理念、增加见识。科技的进步倒逼农民提升自身的技术水平，从而不断丰富农民的精神文化生活。

刘海洋指出，农村发展种植业的同时，不能忽略乡村工业发展建设，乡村工业是农村经济持续发展的经济基础，同时还是促进农民就业、增加农民收入、带动农业经济的火车头。目前，要实现乡村的产业振兴，就应在进一步深化农业供给侧结构性改革的同时，围绕优势产业，不断优化升级，加快农村一、二、三产业的深度融合。

赵培和郭俊华认为，发展产业是乡村振兴的先导，是乡村振兴的第一要务和工作重心，也是实现农村生态宜居、乡风文明、治理有效、生活富裕的根本保证。所以，在"共同富裕"的目标下，农村产业的繁荣与发展就成了一个亟待解决的问题。推动产业振兴不单是推动种植业的现代化，而且是推动一、二、三产业的融合发展。产业融合能带来更多就业岗位，拓宽农民增收渠道。

综上所述，以上学者都对产业振兴对于乡村振兴的重要作用和意义给予了充分的肯定，特别是产业振兴对于解决乡村发展不平衡、不充分这一问题的意义更为重大，同时乡村产业振兴也有助于共同富裕目标的实现。

## 二、关于科技人才服务乡村产业振兴的实践领域研究

随着乡村振兴工作的稳步开展，农村各类产业需要大量的科技人员，这些人员在技术转化、产业布局、资源整合方面起着推陈出新的作用。在助力乡村振兴的活动中，科技人才可能涉足的领域有：科技人才的培养、农业技术研发与推广、农业产业规划与布局等等。

朱长明（2022）强调，科技水平的高低在一定程度上决定了我们乡村振兴的程度。走科技创新驱动发展道路，不仅是实现农业现代化的必然要求，也是推动农村产业发展的选择。科技创新可以使农业的品质和效益得到切实的提升，提高对资源的使用效率，为农村工业提供新的经济增长点，为农村经济社会的发展提供新的动力。

黄祖辉（2023）认为，从人口流动和空间集聚的角度讲，中国乡村振兴的过程，一定是城市化充分发展的过程，这个过程有利于城乡之间人口资源和产业资源的优化配置、有利于城乡之间良好的互动和深度的融合发展。城镇化和乡村振兴之间是相辅相成的关系，即城市化需要乡村人口资源和产业要素的融入，而乡村发展也需要城市化的带动推进。

潘教峰、万劲波（2022）认为国家提出的科技强国战略，是对科技强国建设战略目标、战略能力和战略行动进行的一系列的战略规划和长期的战略安排。这是乡村振兴的明确的指导方向，乡村振兴必须走科技创新的路径，科技是第一生产力，也是农业踏上健康快速发展的动力引擎。

孟东方、李思雨（2020）指出，人才强国战略是创建一个创新型国家的根本条件，它是提高国际竞争能力的一个关键因素，也是其他战略的一个主要保证，它对中国梦的实现具有强大的支持作用。

杨月坤、查椰（2021）认为，要实现乡村振兴，必须依靠农业科技，培育一支懂技术、善管理的新型农业技术人员，不仅能提升国家的科技创新能力，还能为"三农"问题提供强有力的技术支撑，是促进农民增收、促进农村发展的一条行之有效的途径。

综上所述，科技人才的实践领域比较大，在乡村振兴的各个方面都可以发挥很大的作用，因此加强科技人才队伍建设至关重要。

## 三、关于科技人才服务乡村产业振兴问题的现状研究

如今，我国科技人才服务乡村产业振兴取得了一定的成就，但还是存在不少问题，同时也有不少机遇，值得去分析和研究。

蒲实、孙文营（2018）认为，在工业化和城市化的大背景下，乡村人才流失现象十分突出，乡村发展的大环境对乡村人才的吸引不利，村民的综合素质的提高难以与乡村的管理相匹配，在现代化的过程中，乡村人才的培养、管理、使用等方面的制度还不完善。

周晓光（2020）认为，受传统观念影响，农业生产效率低下，农村环境相对较差，农村青年涌入城镇，但城镇青年却不愿意进入乡村，造成了农村青年"引不进""沉不下""留不住"的尴尬局面。

钟荣丙（2021）认为，在人才资源供给需求两个方面，存在着矛盾，并且科技服务的层次较低，主要表现在知识结构陈旧，接受新技术培训的机会少，受客观条件的制约；研究团队的聚集效应不够明显，缺乏新的活力，人才的流动和科研团队的凝聚力不够强。

唐剑、杨竞（2022）认为，缺乏专门的、示范型的涉农科技人员服务平台，平台之间的联系不强；在人才的培养上，注重"外引"而不注重"内培"；农业企业的业绩评价体系不够完善，激励体系不够完善；高职院校的人才结构不够合理，需要加大对高职院校的专业技术教育力度；人才服务不够精准，在基层工作中没有得到很好的推动。

国内学者对于乡村振兴科技人才的现状分析基本集中在供需不平衡以及培育机制不健全的问题上。

## 四、关于科技人才服务乡村产业振兴的制约因素研究

科技人才服务乡村产业振兴存在不少困境，主要集中在乡村基础设施落后，资金、技术、人才等资源匮乏等方面。

周晓光等人（2022）认为，造成这种"瓶颈"的主要因素有：农民思想观念的变化、农业生产的效益的变化、农村生产生活的环境的变化等。

钟荣丙（2021）认为，人才认知的二元性导致农村科技人才的地位偏低，社会大众的认知偏差，地方政府的认知偏离；人才政策的弱效性导致农村科技人才的待遇偏低，政策性资金来源不足，激励政策不完善，政策落实执行不力；人才服务环境改善的滞后性导致农村科技人才的积极性偏低。

王应宽、蒲应燕（2021）认为，乡村的基础设施建设不足，缺乏资金、制度、政策和基础设施，同时还存在着教育和医疗不发达、网络的普及率很低、公共服务很少、生活环境不优等问题，这就造成了乡村无法留住人，也无法吸引人。

综上所述，困境严重制约了科技人才服务乡村产业振兴的发展，必须一一破除，解决相应问题，才能促进乡村产业振兴的发展。

## 五、关于促进科技人才服务乡村产业振兴的路径分析

针对科技人才服务乡村产业振兴的困境，国内学者提出许多对策，主要是增强政策引导，加大人才培养力度，完善乡村人才培养体制，提高乡村培养人才的内生动力。

王应宽、蒲应燕（2021）认为，首先应从制度的角度，强化对农村后备人才的制度保障。其次是强化党组织的领导，发挥党组织对人才的管理作用；充分利用已有的农村人力资源，打牢农村人力资本基础；引进外来的人才，以"引才"

的方式来壮大农村的人才队伍。再次是促进农村经济社会发展的重要因素。搭建教育训练的平台，为农村人才的振兴提供肥沃的土壤；要大力推进科技特派员工作，积极引导农村大学生到基层工作；借鉴 4-H 俱乐部［4-H 俱乐部（4-HClub）源自英文 Head、Heart、Hands、Health 4 个词的首字母。其使命是"让年轻人在青春时期尽可能地发展他的潜力"］模式，培养青少年"三农"情怀。蒲实、孙文营（2018）认为，就地招贤纳士，大力培育乡土人才；多措并举，吸引社会各方面的优秀人才到农村来；以实践育人为本，培育以实干为本的农村人才；任用贤能，大力培养新的乡贤、村两委干部。

逄锦超（2022）认为，要进一步健全农村科技人员的培训体制，为其人才培养奠定良好的基础；举办农业技术人员的培训，帮助农民实现转型；通过对科研和管理人才的培训，形成对地方农产品的产业链规划；通过科技义工，使农民尝到技术改进的甜头；确立指导思想，加大对科技人才的培训力度。

涂华锦、邱远、赖星华（2020）认为，创新激励政策，让科技人才"想下去"；重视人才开发，让科技人才"能下去"；健全保障机制，让科技人才"下得去"；加强平台建设，让科技人才"留得住"。

章丽玲（2020）从国家金融管理体系角度提出，国有银行开始逐渐下沉农村市场，农村金融服务的覆盖面也越来越大，需要进一步提高农村金融服务的便利性，着力打造涉农特色产品和服务，不断创新金融工具。各银行机构之间实行错位竞争，发挥各自的差异化优势，支持农业产业相关的各经营主体快速高效成长壮大。

张乐钰、章慧（2023）指出，乡村人才振兴的主要做法：一是要建立各部门联动的政策互通机制；二是实施多层次的人才培养工程；三是要全方位促进农业科技成果的转化；四是要多角度完善人才服务机制。解决上述问题的具体举措：一是实施农业科技人才培养计划、产业人才培育行动和农村治理人才培训制度；二是创设乡村人才评价制度、多维度人才培养制度、人才流向基层的激励制度；三是落实组织体系的支持保障，落实政策制度保障、加大经费投入保障。

## 六、关于新型职业农民队伍建设的相关研究

李卓异（2023）认为，新型职业农民是掌握核心科技、乐于创新、敢于创新的高素质人才，新型职业农民群体的出现对于解决乡村振兴阶段面临的诸多瓶颈问题、推动现代化农业振兴起着促进作用。他指出，推行职业农民制度，加快新型职业农民队伍建设是解决农业发展后继乏人问题的重要举措，也是改变农村青年认知理念，鼓励农村青年成为新型职业农民的有效举措。

王健、王丽（2023）指出要加快建立职业农民数据库。为实现精准培训，通过大数据等技术手段，精选长期从事农业生产、综合素质俱佳的新型经营主体和脱贫致富带头人，建立培育对象数据库并做好后期管理，合理且有针对性地为新型职业农民政策的制定和实施提供信息指导，促进职业农民数量规模的增长。

王娟莉（2023）认为，在乡村振兴的道路上，新型职业农民的角色变得尤为重要，她指出在培育新型职业农民实现途径的过程中，重点应从三个主要方向着手，一是夯实农村经济的发展，吸引大批中青年回到农村，不断壮大新型职业农民的队伍；二是继续完善农村关于新型职业农民教育的培养制度，为新农村建设源源不断地输送"有知识、会技术、懂经营"的全能型人才，助推乡村振兴政策在农村不断生根发芽；三是主动积极落实国家的惠农政策，助推新农村发展，使得新型职业农民在新农村建设中不断实现自身价值。

张周涛（2022）分析了新型职业农民培育的现状，主要存在的问题如下：人们对新型职业农民的认识受到陈旧的观念的制约；培育新型职业农民的目标不够具体清晰；用于新型职业农民培训的资源亟须有效整合；对于新型职业农民培训的保障力度不够；培训的方式老套，效果不佳。张周涛针对以上问题提出了新型职业农民的培育路径，具体从以下几方面陈述：通过多种途径加强宣传和引导，充分利用互联网展开宣传，引导社会公众对职业农民的认知；做好顶层设计，做好培训规划，明确培训目标；做好培训的统一领导和合作分工；选择恰当的培训主体；改进培训方式；不断完善新型职业农民的培育制度体系（包括：资金保障机制、服务追踪机制、培训考核机制）。

综上所述，学术界对"三农"人才的服务路径研究已经有了一定的基础，一些切实可行的服务模式也在稳中推进，随着"三农"服务工作队伍的不断壮大，必然存在很多管理问题和不可预知的挑战，值得进一步深入研究和探讨的内容很多。因此，在新时代的背景下，研究"三农"人才服务基层对于提高乡村建设的质量和效率，克服障碍，少走弯路，都有着极为重大的意义，这也是新时代乡村振兴战略中人才振兴的关键所在。国内对于乡村振兴方面的研究可以说是非常丰富，每年都会产生大量的高质量论文，非常值得学习和借鉴。首先，对于科技人才服务乡村产业振兴的意义分析得比较透彻，为后来的学者进行研究奠定了基础。其次，对于科技人才服务乡村产业振兴的实践领域进行了分析，明确了科技人才服务乡村产业振兴的具体任务，比较全面，但是不同地区乡村的环境相差比较大，每个地方的情况千差万别，大部分的研究是个案研究，以某个地区为研究对象，不具备普遍性。最后，对于科技人才服务乡村产业振兴的发展困境，许多学者都提供了一些解决方案，其中有很多有价值的方案，但是有一些方案可行性不足，因此还是要深入农村基层进行研究，因地制宜地提出一些有价值的解决措施。总而言之，从乡村振兴角度，专门研究科技人才服务乡村产业振兴的论文数量不多，研究还是不够充分，还有较多可以丰富的方面，本书对于这一具体方向进行了研究，希望对这一方面问题的改善起到促进作用。

# 第三章 国外"三农"人才服务基层的成功模式

## 第一节 荷兰农业人才服务基层的经验

荷兰,位于欧洲西北部,自古农业资源相对贫乏,但经过几十年的发展,荷兰现在已经跻身于世界农业强国的行列。这一颠覆性的改变主要源于其全力调动科研人员大力扶助高效农业和生态农业的发展,开展创新农业合作社模式,发展农业产业化经营,通过发展高效农业和生态农业,创新农业合作模式和农业产业化发展。

### 一、农业人才队伍的建设

荷兰农业的高速发展,最功不可没的是高质量的农业发展人才队伍。众所周知,传统农业生产"靠天吃饭",如果老天不作美,就会直接影响农产品的产出数量和质量。为了摆脱自然条件对现代农业发展的束缚,荷兰着重发展现代化农业生产,以先进科学技术为依托,以高效、安全和集约为目标,充分利用现有农业资源,实现错季生产。人才队伍是支持产业技术创新的前提,为农业的高质量发展注入源源不断的活力,同时,农业朝气蓬勃的发展反过来也会促进农业技术教育领域的发展,进而吸引更多的复合型人才加入乡村振兴的队伍。同时,荷兰的农业教育体系也很发达,注重人才培养,重视人才激励,实现人才的高效利用。荷兰完善的教育体系决定了荷兰农民职业素养很高,农民的收入也很可观。农业科研和农业推广为荷兰的现代农业提供了科技支撑,提高了农产品的科技含量,形成农产品的生产和出口的核心竞争力。

## 二、农业发展环境

荷兰的农业生产环境集农业教育、农业科研和农业推广于一体，这构成了荷兰农业振兴的三大基石，如图 3.1 所示。荷兰现代化农业生产环境与农业人才队伍建设是一个相辅相成的体系，现代化农业生产环境包括生态农业、农产品品牌创建、农业合作模式、农业政策和农业科技服务五个部分构成，其中生态农业的发展和高效农业合作社模式是现代化农业发展的基础。农业人才队伍是农业振兴的重要保障，其中各类教育机构和创新培育机构为人才的培养提供了支撑。农业人才培养环境与现代农业生产环境协调发展，相互促进，使荷兰农业实现产业化经营并提高了农产品的国际竞争力。

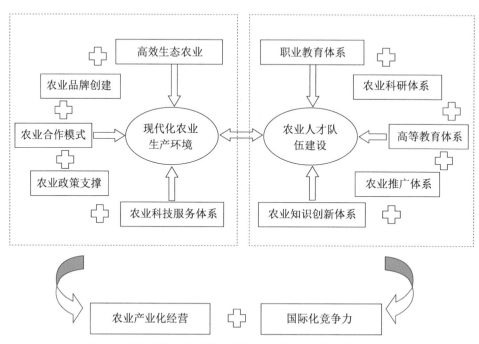

图3.1 荷兰现代化农业生产环境与人才队伍建设系统示意图

### 三、荷兰高效生态农业发展经验

荷兰的耕地资源比较稀缺,全国共有耕地面积不足130万公顷,农业种植的耕地空间极其有限。但是,农业又是一个国家发展的重要基石,单靠进口来满足国民对粮食的需要是不现实的。所以,荷兰农业管理部门在政府的支持下,通过挖掘自身在农业方面的比较优势、充分利用农业科学技术,优化了现代化农业生产环境,大力发展高效生态农业,这一实践经验对我国生态农业的发展有很好的参考价值和借鉴意义。发展园艺设施农业是荷兰应对耕地稀缺的主要途径之一,发展至今,已成为其国内的支柱型产业,种植面积占到世界范围内的五分之一,已实现规模化生产,且专业化程度和集约化程度都处于世界先进水平,不仅满足了国内市场的需求,还有很大一部分用于出口。温室园艺种植主要以花卉和蔬菜为主,花卉主要是玫瑰、百合等鲜花,蔬菜主要包括茎菜类、叶菜类、根菜类以及果菜类。与荷兰设施农业相匹配的是自动化和智能化的控制系统,包括移动式育苗床、自动喷药设施、无人运输车、智能分选包装系统、冷链系统等,在农作物生长过程中的光照、温度、湿度全部依靠智能感应系统来调控。在荷兰,很多大型的温室园艺设施是由单个家庭来经营的,他们不仅可以获得丰厚的收入,还可以获得政府的专项补贴,所以他们在技术改革和创新方面有较高的积极性。

### 四、荷兰的农业合作模式发展经验

世界上最先出现农业合作社的国家是荷兰。1876年,荷兰颁布了《合作社法》,标志着农业合作社的合法地位的确立。发展至今,合作社经济已经成了荷兰国民经济的重要组成部分。合作社主要负责农民农业生产所需要的各类生产资料的保障供给,农产品的销售、定价,维护农民的合法利益,稳定农产品价格,有效地规避了农业产品的市场和经营风险。1887年,荷兰建立信贷合作银行,进一步为农业合作社提供了发展资金的支持,为其科技投入提供了金融保障。荷兰的农业合作社主要分为农资采购合作社、农产品市场销售合作社、农产品深加工合作社、农资技术和设备拍卖合作社、金融信贷合作社和农业技术服务合作社六大种类。不同类别的合作社各司其职，在各自的领域中有效地将单个家庭分散经营与社会化市场大环境紧密结合，在农产品种植前、种植中以及种植后各个环节实行全过程的服务和保障，是社会化服务体系中极其重要的力量。农户可以通过农业合作社、政府等进行科研学习、参加培训，利用自身独有的农业特色模式以及合作社提供的全程农业科技服务，不断掌握最先进的农业科技，发展农业生产。农业合作社既可自上而下地进行农业知识、技术的传播与推广，又可自下而上地反馈家庭农场的技术需求，因而能够更好地为农户提供科技服务。

## 五、荷兰农业人才队伍建设及创新经验

### （一）荷兰农业人才教育环境

荷兰的农业发展速度之所以如此之快，离不开其在农业教育及农业人才培养方面的不断投入和发展。荷兰农业教育历史悠久，发展至今，已形成了层次明晰、专业类别齐全的专业教育体系，上到大学教育，下到职业教育均受到荷兰各地政府的高度重视。2018 年，荷兰有近 54 万名中等职业教育在校生，农业从业者有百分之四十的人口学历水平均达到中等职业教育以上。通过定向培养、优化教学内容、搭建职业学校升学途径、构建学校与劳动力市场直接对接等措施，荷兰已形成卓有成效的职业教育系统。农业高等教育是荷兰农业科技人才的摇篮，其农业类专业覆盖面广，理实结合。瞄准国际市场需求来搞教学与科研，强化农业教育资源的共享，重视国际间的合作和交流。以满足社会需求为目标，政府、学校和农业企业形成了"政 - 教 - 产"合作体系，各负其责，政府主要在政策的制定、经费的支持、行为的监管等方面负责；职业院校主要负责开展高质量的教学工作，保证教学内容的与时俱进，为农业企业培养所需的农业管理或技术人才。荷兰的农业科技人才培训与教育体系已十分完善，形成了农业科研、教育和推广三位一

体的农业知识创新体系，成为其核心竞争力。

### （二）荷兰农业科技人才服务体系建设经验

荷兰的农业科技服务贯穿于农业生产的全过程，如图3.2所示，包含了农业产品生产前的准备工作，生产过程中问题跟踪，生产完成后产品的深加工、销售、信贷等一系列的服务。农业科技服务与农业推广工作相比更加具有针对性，针对农户或农业企业的实际问题提供切实的解决方案。农业科技成果大多也是通过农业合作社转化到农户的种植实践工作中，促进了理论和实践的完美融合，进一步提高了科技工作者的研究积极性，也增加了农户对科技服务的信赖。荷兰农业科技服务非常重视对农户种植技能的培训，参与科技服务人员的综合素质普遍较高，形成了综合实力较强的农业科技服务队伍，为提高农业科技服务的质量提供了智力保障。

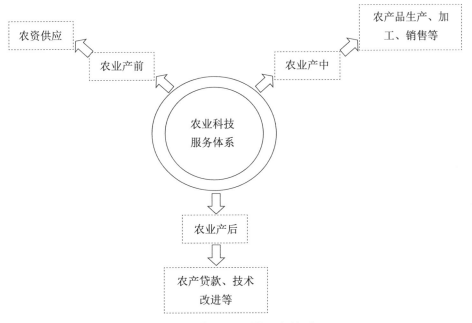

**图 3.2 荷兰农业科技服务体系**

### （三）农业品牌建设经验

农产品的品牌化是荷兰提升农产品市场竞争力的重要途径之一，也是农产品市场化发展的标志。我国是农产品生产大国，但是我国的农产品品牌很少，这一点我们需要向荷兰学习，学习他们的农业品牌建设经验。荷兰在农产品育种、设施园艺建设、畜牧养殖产品方面都打出了著名的品牌。荷兰的瑞克斯旺种苗集团成立于 1924 年，迄今已有近百年的发展历史，主要研发蔬菜育种，技术领先，享誉全球，是全球十大种子公司之一。同样具有较强的品牌效应的还有安莎种子集团和比久种子公司，这两家公司在种子培育和销售方面在全球也有很强的影响力，位居世界前列。他们非常重视与国外的交流与合作，先后在世界各地建立了分支机构，其研发水平接近或超过美国的孟都山和瑞士的先正达。荷兰不断开发新型育种技术，利用传统的杂交育种、现代的分子育种等技术对农作物品种进行不断试验和筛选，成为世界种业的领头羊。荷兰的品牌种子生产过程已完全实现专业化，已占据我国种子市场份额的一半以上。畜牧业是荷兰的重要支柱产业之一，奶牛合作社在养殖过程中起到了重要的作用，负责家庭农场和市场的对接，保障销售畅通。知名品牌美素佳儿奶粉销往全世界，也是我国很多家庭所信赖的乳制品品牌。

# 第二节　德国农业人才服务基层的经验

德国位于中欧西部，濒临北海和波罗的海，其地形主要由平原、丘陵和高山构成，适合农作物的生长，其农业人才服务基层的主要方式有农业合作社、农工综合体等形式。就德国的农业合作社服务农业发展的成功之处分享如下：

## 一、德国农业合作社的发展现状

德国的农业合作社有效地解决了德国传统的小农生产与市场经济之间的不协

调和不适应。德国农业合作社在经营范围上,主要分为:农业生产经营合作社、农业金融信贷业务合作社、农产品物资购销合作社、农产品销售合作社和农业人力资源合作社。这些合作社均分为中央、地方和基层三个层级。其中农业生产经营合作社依据其发展程度可以进一步分为初级合作社和高级合作社两种。这一类型的合作社是农户因共同发展目标的需要组织起来的合作组织。农村金融信贷合作社的产生主要是基于农业的扩大再生产对于资金的需求和对经营风险的规避。这类合作社主要是在涉农活动存在资金需求的时候,通过各大银行为农户或企业提供贷款的担保,保证农事活动的资金需求。农产品物资购销合作社主要是为了服务农事活动的物资的需求,即为农户提供种子、农药、化肥等必备的物资。这种模式既为农户提供了切实的帮助,也有助于控制农药、化肥的不合理使用。同时,农产品物资购销合作社还可以帮助销售各类农产品。另外,很多农业购销合作社拥有自建酿酒厂、成衣厂、肉联厂、奶制品厂等,这些自有企业可以对农民的农产品进行深加工,让农民不愁农业产品销路,同时使当地的农产品产业链进一步延伸,增加农产品价值增值的空间。农村人力资源合作社主要通过整合农村闲置劳动力,创造就业机会、搭建就业平台,增加农村家庭可支配收入。总之,德国以系统、全面的合作社类型构筑起现代化、专业化的农业合作社体系。

## 二、德国农业合作社的发展特征

德国农业合作社体系经过一百多年的发展日臻完善,在长期发展过程中,逐渐形成了自身的特色,对德国农业发展全程保驾护航。其发展特征主要有以下四个方面:

### (一)德国农业合作社类型的多元化

农业合作社类型的多元化是德国农业合作社的主要特征之一。德国农业产业以满足国际、国内市场为主导,追求农产品经济和社会利益的最大化,不断优化产业布局和产业结构。德国农业产业已基本实现了区域化布局、规模化生产、专业化加工、社会化服务和企业化管理，形成种养加工、供销结合、农工商和农科教一体化的现代化农业产业经营方式和组织方式。当前，德国的农业合作社主要是围绕农业产业链所形成的，类型繁多，主要有：农业水利合作社、农业电力合作社、农业机械设备合作社、农产品种子合作社、农药配给与管理合作社、化肥农资合作社等等。同时，还有乳制品合作社、肉类产品合作社、酒类酿造合作社、水果蔬菜合作社、花卉园艺合作社等类型。农户可以结合自己的需求加入一个或者多个合作社，可以在不同的时期加入不同的合作社。一般加入合作社需要一次性缴纳一定的费用，费用多少不等，款项主要用于合作社的基础设施建设，比如建厂房、冷藏室，购买制冷机、运输车等。与此同时，德国政府对合作社的建设也给予积极支持，合作社一般可得到总投资额的一定比例的政府无偿补贴。

## （二）德国农业合作社管理的民主化

德国农业合作社最突出的特征之一就是其管理的民主化。加入合作社的农户入社自愿，如果不再需要可以自愿退出，具有完全的自主权利，对于合作社内的重要事项的决定，社员具有充分的表决权和参与决策权。全体社员通过社员大会这一组织形式来行使自己的权利，同时，在社员大会上由全体社员选出董事会和监事会成员。有的规模较大的合作社会聘请职业经理人来负责经营管理合作社的运营，如果农业合作社社员与经营管理层的决策决议发生分歧，所有农业合作社的社员就可以行使他们所拥有的表决权来作出符合民意的决策。这样，才可以保证农业合作社最终保障的是全体农户的利益。多数合作社实施股份制经营模式，扩大了资本的来源，但股份的多少并不影响社员民主决策权利的发挥。只有充分的民主化才能吸引更多的农户加入，才能在农民心中树立值得信赖的形象。如今，市场竞争激烈，市场环境复杂，德国农业合作社的经营方向以市场为导向，建立灵活的应对策略和风险回避机制，打响农业品牌，形成可持续发展的特色产业。

### （三）德国农业合作社提供服务的全面化

德国农业合作社所提供的服务是非常全面的，几乎覆盖了产业链的所有环节，农户或农业企业在任何一方面需要咨询或服务，都可以通过对应的合作社来找到解决方案。服务全面化也是德国农业合作社的主要特征之一。合作社提供的服务包括技术咨询和培训、农业机械的采购和使用培训、农业种植技术、农产品销售市场的联络、农业创业资金支持、农业设施的使用和培训等等。另外，德国农业合作社还会聘请有突出贡献的农民作为管理决策者来参与农业合作社的经营，同时，合作社充分利用现有的培训体系培育新型职业农民，保证农场产业人力资源供给的可持续性。德国农业合作社经营所生成的利润，主要用于农业合作社成员的收入分配和合作社未来发展的需要。由于合作社具有一定的公益性质，所以其本身不完全以营利为目的，甚至有些培训是免费来做的，因此，涉及可分配的利润数额上没法和经营企业相比，但是它确实可以最大限度地为农民服务，尽可能地维护农民的利益，促进农业的发展和壮大，培育一代又一代的农业经营和管理人才，为现代化农业生产培养接班人。

### （四）德国农业合作社制度的体系化

德国农业合作社的历史悠久，已经形成了完备的合作社制度管理体系，这也是德国农业合作社区别于其他国家的显著特征之一。德国的农业合作社在全国范围内广泛建立，他们是自负盈亏的独立组织，他们可以申请获得政府的政策扶持，同时向政府缴纳较低额度的税金。德国政府利用恰当的立法手段和金融工具来保障农业合作社的健康发展。德国政府早在 1867 年就出台了《德国合作社法》，规定了农业合作社的经营方式，明确了农业合作社的组织架构，以保证农业合作社的健康规范发展。结合农业合作社所处的社会和经济环境的变迁，《德国合作社法》作出了一些修订，修订的原则是"保证合作社成员利益的最大化"，在德国的法律体系中占有重要的地位。该法进一步明确了农业合作社的法人地位、组织属性、法律责任、利润分配、亏损分摊、破产清算等问题。同时，为了使董事会、监事会可以更有效地经营合作社，德国的农业合作社建立了完善的审计制度体系，由第三方审计机构对合作社的资产状况、经营管理方式、财务收支等进行严格的审计，以保证其合法合规地经营获利。如此完善的制度体系为德国农业合作社的不断发展壮大起到了很好的保障作用。

## 三、德国农业合作社对我国服务"三农"产业的启示

德国的农业合作社发展历史悠久，制度完善，是经过实践检验的成熟的服务"三农"的路径。我国正处于乡村振兴的关键时期，要善于借鉴他国的成功经验，结合自身特色发展乡村经济是一条相对高效率、低风险的路径。以下是德国农业合作社对我国发展"三农"产业的启示。

### （一）坚持合作社自主发展与当地政府支持相结合

首先，农业合作社在成立之初，就要向民众讲清楚合作社的地位、属性、经营内容、利润分配方式等具体内容，农民在知晓这些基本信息的前提下，本着自主、自愿的原则考虑是否加入合作社。合作社依据社员的人数、素质和其他基本情况确定合作社的管理模式。不管何种管理模式，合作社都是为社员服务的，如果其经营得不到社员的认可，最终的结果就是破产。在资金筹集方面，可以采用股份制。在合作社发展初期，所需资金较多，这时候政府要给予支持，例如，财政拨款、低息或无息贷款等。在人才培育方面，政府可以启动一些政府性的培训项目，让合作社来组织社员或管理者进行免费学习，规定创立 5 年之内的合作社可以享受当地政府提供的各类创业优惠政策和补贴。

### （二）农业合作社经营的最终目的是提高社员收入

合作社由于其规模、经营项目的差异，所以收入有一定的差异。但是无论何种合作社要想生存下去必须要有社员的加入。只有社员的加入才有可支配的资源，

这是合作社创收必不可少的条件之一。同时，还要不断完善农业合作社收入分配制度，实施多元化的分配方式，可以尝试债券收入、持股收入等新型的分配方式。另外，社员在加入合作社后，很多农事活动由合作社统一组织开展，无须自己操持，家庭农事费用也降低了不少。合作社在岁末年初会对社员的田地进行统一的规划，可以实现订单式的种植，降低种植风险，让农民的农产品不愁销路，保障了农户的利益，稳定了农户的收入，提升了农民入社的热情和种植的积极性。

### （三）务必不断完善农业合作社相关法律法规

德国政府通过制定实施《德国合作社法》等若干法律，为德国农业合作社的规范化发展提供了根本保障。目前，我国农业合作社法律地位和法人性质所依据的法律文本为2006年颁布、2017年修订的《中华人民共和国农民专业合作社法》和1993年颁布、2023年修订的《中华人民共和国公司法》，虽然为规范农业合作社的组织和行为提供了法律依据，但这些法律制度相对宏观，不够具体。我国农业合作社发展实践也存在管理不规范、制度不健全、信息不公开、违规避税、利益分配不均等突出问题，制约着我国农业合作社的健康发展。对此，我国农业合作社应该合理吸收德国农业合作社的审计监督经验，结合新修订的《中华人民共和国农民专业合作社法》，"增强法律法规的及时性、系统性、针对性和有效性"，制定严格透明的审计制度，以内部审计和外部审计相结合，进一步明确农业合作社主管部门的监管职能，统筹内部监督和外部监督、线上监督和线下监督，以强化农业合作社的目标任务，以及督促经营管理层的责任落实。此外，还要完善相关配套制度，促进农业合作社的健康、规范发展。

# 第三节　法国农业人才服务基层的经验

## 一、政策背景

法国早在20世纪50年代就实现了农业的规模化生产，作业方式高度集约化，专业化程度也很高。在这种情境下，农业生产效率大幅度提高，但是随之而来的问题也不断突出。首先是土地资源的浪费，由于大面积的集约化生产，许多山区的或贫瘠的土地被长期闲置；其次，由于高度的集约化和专业化，法国农产品种植品类单一，主要集中在大面积的粮食作物的种植上，没有地方特色。20 世纪 90 年代，随着人民对农业发展的社会期待的转变，以及食品安全、耕地减少、资源保护等问题逐渐提上日程，法国政府开始思考农业未来的发展模式，专家和学者提出了多功能农业的概念，即充分开发和保护农村空间和土地，挖掘新的功能，实现农村经济多样化，例如，从发展乡村旅游、休闲康养、个性化栽培等多角度重新定义农业发展目标。在多功能农业理念的引导下，法国农业走上了一条高效的创新路径，也带来了前所未有的发展机遇。

## 二、多功能农业的理念导向

多功能农业理念即在传统农业满足人类对食物的需要这一功能的基础上，逐步发展农业的其他功能。这是一种全新的理念，主要在以下方面有所突破：一是城乡关系由传统的对立逐步走向融合。城市以现代化工业和商业发展为主要标志，代表着先进和发达，而农村则通常是落后、贫穷的代名词。多功能农业发展理念要求城乡之间破除对立，深度融合，农业生产要在诸如旅游、休闲、人文景观的建设等方面发展和延伸，吸引城市人群回流农村，体会农耕文化，体验乡村生活。这种理念不仅可以使呆板的农业生产更有乐趣，也使得农民增收，就业机会增加，土地资源被更加充分利用。城乡融合并不意味着城市对农村的同化，而是二者的互补，农村生活空间比较分散，邻里关系和谐温暖，清新的空气，富有特色的人文景观，这些都是城市生活不具备的。

为了应对环境问题和人口老龄化问题，法国多年以来非常重视生态农业的发展，例如"鱼菜共生"模式，可以很好地减少碳排放，节约用水，减少肥料的使用。同时法国有至少 5 万个以上的生态农场，法国已将发展生态农业写入法律，还设立了专项的发展基金来支持生态农业的发展和创新。在生态农业领域贡献最突出的地区是法国的热尔省，它位于法国西南部，专门成立了"生态转型中心"，同时政府出资开设了生态农业转型的培训班，普及生态农业的知识和价值，还设有专门的咨询平台和交流平台，每年都会投入大量的资金为生态种植业助力。同时，法国的高校非常热衷于生态农业方面的研究，科研学者会带着研究课题深入生态农业一线，传播科研成果，并为农业从业者提供技术服务和指导。

### 三、法国农业人才教育培训的特点与经验

#### （一）教育培训机构完善，职能清晰

法国非常重视农业从业者的职业培训，培训机构繁多，有公立的机构，也有私立的机构，高校和科研院所也会开设相应的培训课程。另外，法国各地都建有各类"短‒平‒快"的培训机构，如农业中学、农业之家等等，在这些机构中通常会开设一些专项技能的培训班。这些培训班一般都是应学员的需求或者政府的需求所开设的，收费低、时间短、见效快。据不完全统计，截至 2016 年，全国共有 800 多个农业培训教育机构，上千所学徒培训中心和成人教育培训点。这些培训机构针对农业从业者的不同发展要求提供有针对性的服务。

#### （二）教育培训体系结构完整，有序衔接

法国的中等农业职业教育阶段包括定向教育阶段和高中教育阶段（如图 3.3 所示）。其中，定向教育阶段主要面向将来有意愿从事农业生产经营类的工作岗位的 13～14 岁的在校学生，农业高中教育阶段主要包括：职业高中、职业高中会考文凭、农业技术高中和农业技术高中会考文凭四类教育。农业职业高中的一般学制是两年，毕业后颁发农业职业能力证书和农业职业初中毕业证书。农业职业能力文凭偏重于培养某项农业职业技能，为培养农业工人作准备；农业职业初中教学内容一般不拘泥于农业技能，还包括基础文化知识的学习等，学生毕业后可以在各行各业就业，也不拘泥于农业领域，学生如果想继续读书，可以进入高

一级的高中继续学习。

农业职业高中会考文凭课程一般学制两年，校内学习与校外实践相结合，校外实践通常是 4 ～ 5 个月，学生毕业后可以寻找相关专业岗位就业，也可以继续深造。农业技术高中主要接受初中毕业的学生，学制两年，毕业后可获得农业技术员证书。农业技术高中会考文凭课程一般学制是一年，主要接收普通高中毕业学生，学习时间为 1 年，其培养目标主要是为短期高等农业技术培养人才，毕业生如果有志于进一步学习也可以选择接受高等教育。

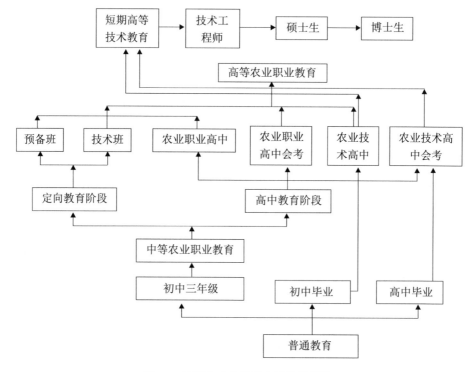

图 3.3　法国人才农业教育结构接续图

## （三）法国高等农业教育

高等农业教育分为职高或高中后教育，主要分为四个层级，四个层级之间有序衔接，如表 3.1 所示。

表 3.1 法国农业高等教育体系类别

| 类 别 | 学制／年 | 所获文凭 |
|---|---|---|
| 短期高等技术教育 | 1 ～ 2 | 农业职业高中会考证书或农业高级技术员证书 |
| 工程师教育 | 5 | 工程师文凭 |
| 研究生教育 | 2 | 农业硕士文凭 |
| 博士教育 | 3 | 农业博士文凭 |

## （四）教育培训机构教学服务注重实效

无论是学历教育还是职业教育，法国的教育理念倾向于学生素质的提升，注重就业导向。例如，在定向学习阶段，教师教授学生农业种植基础知识和技术，同时也十分注重培养学生未来从业的信心和综合素质，指导学生制定职业生涯规划，通过实习或观摩让学生提前了解未来将要从事的岗位职责和任务。同时，他们还非常重视实践操作，课堂教学中没有固定的讲义，主要是结合学生的特点和就业形势开展专业教学，教学方法倾向于讨论式教学和案例教学，采用小班授课制，关注到每位学生的学习需求和兴趣。学生实践的时间一般占到整个教学时间的一半，实践的地点大多是在学校自建的农场或车间里面，实践的内容主要是围绕课堂理论教学的内容涉及的操作、观察、试验等环节，这种教学安排使得学生的学习兴趣浓厚，同时，使得枯燥的理论知识在实际动手操作和观察的过程中更易被理解和掌握。法国农业教育对就业服务采用跟踪指导的方式，即对毕业后有就业困难或创业需求的学生，学校会给予全程跟踪指导，宣传农业政策、给予技术指导、分析市场走向，最大化降低投资风险，全程助力学生就业和创业。

## （五）法国农业职业资格准入制度规定明确

法国教育部门规定，只有取得农业职业能力证书的人员才能从事与农业相关的生产活动；只有取得农业职业初中文凭的人员才可以创设和经营家庭农场，也才有资格获得银行的贷款，享受相关政策补贴。这些职业准入制度沿用至今已有近 70 年的历史了，这充分显示了政府对农民素质提升的重视程度，这也使得农业人力资源的素质有了整体性的飞跃，增强了产业发展的综合实力，使得农业产业发展和教育的进步呈良性循环的发展态势。

### （六） 法国农业教育经费投入力度较大

法国有关农业方面的教育基金主要来自中央政府和地方政府，还有一部分来自欧盟的专项拨款，专款专用。法国中央政府每年对农业教育的投入基本可以占到农业投入经费的三分之一，是农业人才培养的主要经济支持。法国政府规定，家庭农场中的农业工人需要按照工资数额的一定比例缴纳培训费，参与培训的时间越长，工资的等级也越高，同时如果培训工时超过标准的雇工给予个人所得税的减免，对于交不起培训费的贫困雇工，政府给予一次性补贴。这些措施的有力实施，吸引了不少年轻人从事农业生产活动，也激发了学生未来从事农业相关行业的热情，有了年轻人的加入，这个行业才会更有朝气，新的理念和意识才能更好地扩散和传播。法国农业教育处于世界前列，这与长期在教育上的大量投入是分不开的。这一事实也给了我们很好的启示：乡村要振兴，人才必先振兴；人才要振兴，教育必须要先振兴；教育要振兴，教育投入必须优先。在我国，长期以来教育和务农是相悖离的，即受过高等教育的人多数不会选择务农，去务农的通常是没怎么受过教育的人，这也是我国农业长期以来大而不强的主要原因。

# 第四章 河北省"三农"人才服务地方的现状分析

中共中央、国务院于 2018 年 1 月发布了《关于实施乡村振兴战略的意见》对实施乡村振兴战略进行全面部署。全国上下掀起了服务乡村振兴的热潮,科技下乡、文化下乡、金融下乡等各类活动如火如荼地开展,科技创新将为乡村振兴带来新的活力,这一目标的实现要依托大量的技术人才、管理人才的汇集与协调配合,需要政府、民间机构、高等院校等多方资源来吸引和鼓励乡村周边的"三农"相关人才投身到乡村振兴的队伍中来。

## 第一节 河北省农业发展及涉农高校情况概述

### 一、河北省农业发展概述

河北省位于我国华北地区,是全国的农业大省,是我国重要粮棉产区。大部分的地区可种植两季农作物。河北省的粮食播种面积占耕地总面积的 80% 以上,主要粮食作物有小麦、玉米、高粱、谷子、薯类等。经济作物以棉花最为重要,河北省是中国重要产棉基地。此外,也大量种植油料、麻类、甜菜、烟叶,与棉花合为本省五大经济作物。畜牧业是本省仅次于耕作业的重要农业部门。河北还是中国重要渔区之一,以沿海渔业为主,秦皇岛是主要中心。河北省盛产栗、杏、柿、梨等果品。2022 年,河北省粮食播种面积 628.6 万公顷;粮食总产量 3 172.6 万吨。棉花播种面积 63.3 万公顷;棉花总产量 65.3 万吨。油料播种面积 45.3 万公顷;油料总产量 114.8 万吨。蔬菜播种面积 115.8 万公顷;蔬菜总产量 7 384.3 万吨。

2022 年，河北省肉类总产量超 418.2 万吨。其中，猪肉产量 246.6 万吨；牛奶产量 458.9 万吨，禽蛋产品 339.8 万吨。2022 年，河北省水产品产量 106.7 万吨。其中，养殖水产品产量 71.6 万吨；捕捞水产品产量 35.1 万吨。2022 年，河北省农业机械总动力 1.03 亿千瓦。实际机耕面积 533.2 万公顷，占农作物播种面积的比重达 60.8%；机械播种面积 645.2 万公顷，占 73.5%；机械收获面积 371.5 万公顷，占 42.3%。农村用电量 559.2 亿千瓦小时。

## 二、河北省内涉农高校人才培养概述

### （一）河北农业大学

河北省域内有多所涉农高等院校，河北农业大学位于河北省保定市，是河北省人民政府与教育部、农业农村部、国家林业和草原局分别共建的省属重点骨干大学，国家大众创业万众创新示范基地，国家级创新创业学院建设单位，全国深化创新创业教育改革示范高校，教育部卓越工程师、卓越农林人才教育培养计划实施高校，河北省"双一流"建设高校。学校学科专业以服务农业现代化的生物应用技术、信息技术、智能装备设计与制造为优势特色，农学、工学、管理学、理学、经济学、文学、法学、艺术学等多学科交叉融合、协调发展，具备学士、硕士、博士完整的人才培养体系。有 9 个博士后科研流动站；11 个一级学科博士点，1 个专业学位博士点；24 个一级学科硕士点，13 个专业学位硕士点。1 个学科列入河北省世界一流学科建设序列，3 个学科列入河北省国家一流学科建设序列；1 个国家重点（培育）学科，3 个部级重点学科、河北省强势特色学科，16 个河北省重点学科；农业科学、植物与动物科学、化学、环境与生态学和工程学 5 个学科进入 ESI 全球排名前 1%。设有 96 个本科专业，其中 24 个国家级一流本科专业建设点，25 个省级一流本科专业建设点，3 个专业通过工程教育专业认证。（2024 年 3 月数据）

### （二）河北科技师范学院

河北科技师范学院是河北省内"三农"人才培养的主要高校之一，学校是教育部首批全国重点建设职业教师资培养培训基地、科技部国家级科技特派员创业培训基地、农业部现代农业技术培训基地、中国科协首批全国科普教育基地，是河北省首批本科高校转型发展示范院校、河北省创新创业教育示范高校。学校现有 7 个省级重点学科和重点发展学科，拥有生物学、园艺学、化学、食品科学与工程、畜牧学、农业教育、海洋科学等 7 个硕士学位授权一级学科，在 19 个二级学科招收硕士研究生；具有农业、教育、兽医、机械、体育、艺术等 6 种硕士专业学位授权类别，在 17 个领域招收硕士研究生。学校建有国家科技基础条件平台——家养动物种质资源平台、板栗产业技术教育部工程研究中心和 1 个省级协同创新中心、6 个省级重点实验室、5 个省级技术创新中心、4 个省级产业技术研究院、1 个省级工程研究中心、1 个河北省高校应用技术研发中心和 3 个社会科学研究基地。（数据统计截至 2022 年 12 月 31 日）

### （三）张家口农业高等专科学校（现并入河北北方学院）

张家口农业高等专科学校（简称张农专）是一所培养农业人才的老牌学校。该校位于张家口市桥西区沙岭子镇。学校建于 1923 年，前身是 1923 年由著名爱国民主人士张励生创办的察哈尔实业学校，1929 年，升格为察哈尔省立农业专科学校，1951 年改为张家口畜牧兽医学校、1958 年改为张家口农学院，1960 年正式建立专科教学体制，改称张家口农业专科学校，1992 年，经原国家教委批准，改为张家口农业高等专科学校。2003 年 5 月，张农专并入河北北方学院。学校设两个学院及一个直属系。动物科技学院：牧工系、动医系；农林科技学院：农科系、园艺系、食科系；农业经济管理系（合并北方学院后迁至其他校区），共计 6 个系，设有畜牧、禽兔养殖与疾病防治、动物营养与饲料加工、牧业工程、兽医、食品检验、动物药学、特种经济动物、农学、种子繁育与推广、农业综合技术与推广、经济管理、保险、审计、果树、蔬菜、园林花卉、食品工艺、食品贮运与营销、英语、计算机等 21 个专业。

这些涉农高校为乡村振兴输送了大量的科技人才。

# 第二节　河北省"三农"人才的现状

课题组围绕河北省"三农"人才的现状及其服务乡村的路径和效果展开调研，其中以秦皇岛市为例，以点带面地分析河北省的总体情况。

## 一、"三农"人才服务基层调研基本情况——以秦皇岛地区为例

### （一）秦皇岛市农业发展基本情况简介

秦皇岛位于河北省东北部，南临渤海，北依燕山，东邻辽宁，西近京津。秦皇岛下属辖区包括北戴河区、山海关区、海港区、抚宁区四个城市辖区，昌黎县、卢龙县、青龙满族自治县三个县。总面积 7 812 平方千米，人口 300.18 万（2020年）。秦皇岛属暖温带半湿润季风型大陆性气候，春季干燥多风，夏季炎热多雨，具有明显的寒暑交替，年平均气温 10.5℃，年平均降水量 736.3 毫米，年光照时数 2 796 小时，适合大宗作物生长繁育。境内流域面积在 30 平方千米以上的河流有 48 条，100 平方千米以上的 23 条，有较大面积的冲积平原，境内 10 米以下有充足的地下水，水源充足。耕地面积 293 万亩，以棕壤褐土为主，占耕地总面积的 72.7%。粮食作物主要有玉米、水稻、小麦、甘薯、花生等。林果资源有苹果、梨、葡萄、山楂、水蜜桃、板栗、核桃等。境内海岸线长 126.4 千米，6 万亩沿海滩涂和 20 万亩浅海为发展水产养殖提供了得天独厚的条件。水产品生产分为海水捕捞、海水养殖和淡水养殖三大类。

近年来，秦皇岛充分利用国内、国际两个市场，以项目建设为载体，实施市场、龙头、能人、科技带动，推进农村经济结构调整，加快农业产业化步伐，初步形成了三大成果：一是特色主导产业不断发展壮大。截至 2022 年，已建成年产值 5

亿元以上的农业特色产业 10 个,即肉鸡、酿酒葡萄、粮油加工、玉米淀粉、海洋水产、甘薯、生猪、蔬菜、牛羊、果品,其中前 8 个产业年产值超 10 亿元,前 6 个产业的规模在河北省名列前茅。二是龙头企业规模和实力不断增强。已建成年销售收入 1 000 万元以上的龙头企业 35 家,其中亿元以上的 9 家,10 亿元以上的 2 家(秦皇岛正大有限公司、骊骅淀粉股份有限公司),正大、骊骅、华夏、地王、野力、集发、海阳农产品批发市场 7 家企业被命名为省级重点龙头企业。三是农产品加工强市的目标正在形成。目前,全市农产品加工业产值已占全市工业总产值的三分之一。粮油加工转化能力达 335 万吨,是全市粮油产量的 3 倍多。

秦皇岛市积极推进人才交流互动,以人才交流促产业融合,推动"农业 + 旅游"健康发展。2023 年全市认定生态休闲农业示范点 57 个,年均接待游客 525 万人次,实现营业收入近 10 亿元。目前,全市培育了山海关大樱桃、青龙板栗、昌黎旱黄瓜等一批绿色农产品地理标志品牌,形成了 10 大特色农业产业集群,提高了产业集中度和市场竞争力。(数据来源:河北新闻网)

**(二)调研的结果**

课题组选取秦皇岛市为研究对象,对秦皇岛市目前"三农"人才供给侧、需求侧进行实地或网络调研,尝试通过对当前状况进行剖析,发现其存在的问题及发展瓶颈,并有针对性地提出改善对策以及行动建议,以期对整个河北省地区的乡村振兴大业提供借鉴。研究方法有实地走访、访谈、网络问卷、资料汇总等。课题组编制了调查所用的调查问卷及访谈提纲,调查对象涉及秦皇岛市各类"三农"类科技人才和政府部门。实地调查访谈了秦皇岛青龙满族自治县青龙镇、海港区海阳镇常香苑家庭农场、抚宁区大新寨镇王汉沟村、秦皇岛市农业农村局、秦皇岛社会科学联合会、河北科技师范学院乡村振兴中心等村镇或科研单位,共向"三农"人才发放问卷 100 份,回收有效问卷 92 份,有效问卷回收率 92%。问卷内容包括基本信息、服务意愿、激励需求、对服务工作的认知等四个组成部分,共 20 个问题,参与问卷调查的人员来自高校或研究机构、农业科技企业、农业技术推广中心、各级学会等，调查对象在秦皇岛地区具有较强的代表性。

1.调查对象的基本情况

本课题研究的"三农"人才范畴限定为以下三类：一是懂农业生产种植的相关技术人才，即帮助农民和农业经营主体种养、加工的人才，如水果种植、畜牧养殖、农产品加工的人才；二是能致富的产业人才，即能带领农民致富的人才，也称"领头雁"，如农业经营管理人才、农村创业创新人才、休闲农业和乡村旅游人才、农业电子商务人才等。这类人才有致富的本领，更要有乡村情怀，也都有一个共同的特点，就是"一懂两爱"（懂农业、爱农村、爱农民）。这类人才的作用有两个，一个是能发现商机，他们能够看到普通村民看不到的商机；另一个是善于组织创新，如"合作社 + 龙头企业 + 基地 + 农民""合作社 + 专业市场 + 农民"等经营模式的改进和创新，善于激发农民的参与热情。同时，要有对农业、农民、农村的情怀，多数的"三农"服务项目周期比较长，效果好坏因时因地而异，工作环境艰苦且激励机制不完善，所以真正可以专心扎根农村，为"三农"服务的人才，拥有一定的"三农"情怀是必需的。这些人才他们无论年轻还是年长，都需要有一颗坚守的心，尤其是年轻人，有朝气，有文化，熟悉互联网，乐于接受新兴事物，不怕失败。有真情怀者，才有真产品。近年来，乡村农民群体对教育、医疗等公共服务的供给质量要求也日益提高，这就需要更多有情怀（爱农村、爱农民）的优秀科技服务人才（如教师、医生）向乡村流动。推动城乡公共服务均等化是实现乡村振兴战略目标的必然要求，城区科技服务人才流动到乡村能切实提高乡村公共服务质量，助力乡村振兴发展。课题组选取的调查对象的基本情况如表4.1所示。

表 4.1 调查对象的基本情况

| 变量 | 特征 | 人数 | 占比 | 变量 | 特征 | 人数 | 占比 |
|------|------|------|------|------|------|------|------|
| 性别 | 男 | 48 | 52.2% | 工作年限 | 2 年以下 | 14 | 15.2% |
| | 女 | 44 | 47.8% | | 2 ~ 5 年 | 38 | 41.3% |
| 学历 | 大专 | 18 | 19.6% | | 5 年以上 | 40 | 43.5% |
| | 本科 | 52 | 56.5% | 所在单位类型 | 高校 | 31 | 33.7% |
| | 硕士 | 14 | 15.2% | | 科研院所 | 29 | 31.5% |
| | 博士 | 8 | 8.7% | | 乡镇企业 | 15 | 16.3% |

| 变量 | 特征 | 人数 | 占比 | 变量 | 特征 | 人数 | 占比 |
|------|------|------|------|------|------|------|------|
| 年龄 | 30 岁以下 | 24 | 26.1% | 所在单位类型 | 政府机构 | 14 | 15.3% |
| | 30 ~ 40 岁 | 43 | 46.7% | | 其他 | 3 | 3.2% |
| | 40 岁以上 | 25 | 27.2% | | | | |

2. "三农"人才服务农村的意愿及其因素分析

近年来，河北农村地区经济水平有了突飞猛进的提升，但是城乡之间的差距依然存在，农村对发展所需人才的吸引力较城市而言还存在不小的差距，在人才资源市场上没有竞争力。所以利用政策的引导推动对口人才服务乡村、下乡发展势在必行。那么，"三农"人才服务乡村的意愿如何？哪些因素可以激发他们下乡的意愿呢？为了探究这一问题，课题组做了相关的问卷调查，调查问卷由两部分组成，第一部分是"三农"人才个人基本情况，第二部分是"三农"人才下乡服务关注的方面。发放问卷 100 份，回收有效问卷 92 份，58 位调查对象愿意参与乡村服务，34 位调查对象由于各种原因不愿意参与乡村服务。

个人基本情况主要调查年龄、学历、收入等具体内容，其中有意愿服务乡村的受访者与无意愿扶助乡村的受访者受个体收入水平、学历水平、工作所在地、毕业院校等方面影响服务意愿存在比较明显的差异。

第一，个体收入水平较高者，参与扶助农村的意愿较低。如图 4.1 所示，年收入在 6 万元以下的受访者（共 12 人），有 10 人愿意，2 人不愿意，愿意下乡的人占到 83.3%，年收入介于 6 万元到 10 万元之间的受访者（共 38 人），其中愿意的人数为 26 人，不愿意的是 12 人，年收入介于 10 万元到 20 万元之间的受访者（共 32 人），其中愿意的为 18 人，不愿意的为 14 人，愿意下乡的占到约 56.3%，年收入超过 20 万元的受访者（共 10 人），其中愿意下乡的为 4 人，不愿意的是 6 人，愿意人数占到 40%，也就是随着受访者收入的增加，愿意下乡的人数比例先上升，然后逐步下降。

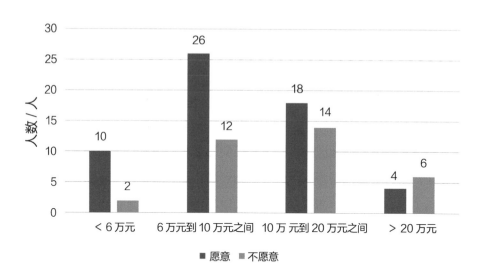

图 4.1 年收入与服务意愿之间的关系

第二，结合受访者学历和毕业院校的情况，来分析下乡的意愿，如表 4.2 所示。

表 4.2 学历、毕业院校与服务意愿的关系

| 项目 | 类别 | 不愿意到农村 | 愿意到农村 |
|---|---|---|---|
| 学历 | 硕士及以上 | 14 人 | 8 人 |
| | 本科 | 15 人 | 37 人 |
| | 大专以下 | 6 人 | 12 人 |
| 毕业院校 | 重点院校（本科及以上） | 19 人 | 6 人 |
| | 普通院校（本科及以上） | 21 人 | 28 人 |

从表中可以看出，受访者中学历为硕士及硕士以上的，愿意到农村发展的意愿较低，约为 36.4%，本科学历愿意到农村发展的占到 70% 以上，专科及以下学历愿意的人数占到 67%，毕业于重点院校的受访者意愿较低（不足 25%），毕业于普通院校的意愿较高（接近 58%），这里的重点院校指 "985" "211" 及 "双一流" 院校。

第三，结合工作地点来分析受访者下乡的意愿。

在收到的 92 份问卷中，有 48 位工作地点在市区，27 位工作地点在县城，17 位来自乡镇单位，他们的意愿情况如表 4.3 所示：来自乡镇的受访者几乎都不介意下乡下村，而来自市区的受访者只有不到 40% 的受访者愿意到农村发展。

表4.3 工作地点与服务意愿的关系

| 项目 | 总人数 | 愿意的人数 | 不愿意的人数 |
|---|---|---|---|
| 来自市区 | 48人 | 19人 | 29人 |
| 来自县城 | 27人 | 13人 | 14人 |
| 来自乡镇 | 17人 | 15人 | 2人 |

第四，影响"三农"人才服务意愿的其他因素的调查结果。

课题组对回收上来的92份问卷进行了汇总整理，其中对"请说出影响您下乡意愿的三个主要因素"这一问题的调研结果汇总如下，48人选择了薪酬待遇，35人选择了乡村基础设施建设，34人选择了经济发展程度。可见，吸引人才来助力农村发展与农村自身的进步是相辅相成的过程，即只有乡村的物质环境、人文环境有特色，才能吸引人才的到来，只有给予人才更优厚的待遇才能留住人才。

## 二、河北省"三农"服务的需求分析

这里的"需求"指的农民对扶农助农人员服务内容的需求，服务需求种类多，内容细碎，涉及农民生活的方方面面，内容大到对政策的解读，小到"如何设计编排一个节目"等，粗略地总结为以下五个主要方面。

### （一）科技指导方面

农民普遍有种植粮食的经验，但是在农作物的生长过程中由于气候、墒情、病虫害等突发状况，会出现减产，进而带来损失。为了避免或减少这些损失，农民需要科技工作者提前讲解有关风险发生之前的预防工作和注意事项。例如，在农作物种植之前，第一，需要对土壤进行相关的检测，根据土壤的通风情况、酸碱程度、营养程度来决定种哪种农作物，不同的农作物适合于不同情况的土壤情况，例如，水稻适合种植在偏酸性土壤中，如果种植前对土壤进行检测，发现酸碱度发生了变化，就要提前进行土壤的改良或更改种植计划。第二，对选种进行指导，即选择适合本地气候、土壤实际条件的品种来种植，例如，常年风力较大的地区要选择抗倒伏的品种，常年干旱的地区且不方便人工灌溉的地区要选择抗旱的品种。第三，关于农药和化肥的使用指导。化肥和农药的合理使用可以改善农作物的生长情况，提高产量和品质，但是如果没有标准地滥用的话不仅不利于作物生长，还会造成环境污染。因此，在使用新的农药或化肥之前，需要进行科学的检测和评估，要在确保安全的情况下使用化学药剂。我国每年都有因农药滥用导致的人身伤害事件发生，同时减少农药残留也是食品安全规范的要求，如果有驻村的科技人员的指导，这些损失和危害将会大大减少。第四，关于突发或新发病虫害治理的指导。随着气候的变化和生物的变异，在农作物种植的过程中会有一些新发的病虫害，农民使用原有的农药配方和剂量无法治理，这时候就需要农业技术人员出手相助，及时遏止病虫害带来的损失。

**（二）乡村产业规划方面**

乡村产业的全局性规划是乡村振兴的核心环节，2018 年中共中央、国务院印发了《国家乡村振兴战略规划（2018—2022 年）》，要求各地的农业部门进行总体性、全局性的规划指导。近年来，我国已有了一些比较成功的规划模式，例如现代规模化农业发展模式、综合田园体产业发展模式、"互联网 +"农业发展模式、村级工业园发展模式、文化休闲旅游发展模式、康养度假型发展模式等。各地在编制规划的过程中，需要有经验的"三农"服务人员结合当地实际情况，分析当地自然资源、发展状况、地域特色、村民的可接受程度，合理安排产业用地、充分调动劳动力，促进可持续发展。例如，近年来，河北省唐山滦南的程庄镇以其文化特色为依托，建设乡村振兴示范片区，2022 年总投资 3.2 亿元，打造环形主路，主路包括了示范区内的七个重点村，建立了具有当地特色的文化广场及文化博物馆。在区域产业规划方面，也做出了整体的布局，可以总结为"东菜、西米、北养、南游"，在规划实施的过程中，积极发挥农民的创造性，各产业相互协调、借助自媒体效用逐渐形成规模，成为河北省乡村振兴的典范，对其他地区乡村规划起到了引领和示范的作用。参与乡村规划的"三农"服务人员有的来自高校,有的来自政府部门,有的来自成功实施规划的县、乡、镇,在经验分享、专业指导、政策解读方面提供支持和扶助,群策群力,让规划更快落地、更有效。

2022 年中央一号文件鼓励加快实施"数商兴农"工程。与城市相比,乡村产业的规划和融合更需要数字技术的赋能。数字技术赋能农产品流通,可通过健全乡村商业体系、完善乡村物流体系、健全农产品流通网络、发展农产品冷链和深化乡村电商发展等途径发挥作用,进而服务和对接乡村产业振兴。从更深层次来看,这种模式能够打破城乡农产品供需信息的不对称性,使城乡之间各要素的流动越发频繁,在供需之间搭起桥梁,发挥人流、物流、意识流、资金流等的优势。在供给侧,通过直供渠道,发挥零渠道费、长期稳定和价值透明的三大优势,在生产前即可明确生产数量、质量和收购价格;在需求侧,可以依托数字技术在信息获取与处理方面的巨大优势,通过网络获取消费者行为大数据,基于人工智能等先进科技深度挖掘实时消费需求,用以支持供给端的优化改进。

### (三)乡村文化建设方面

乡村振兴既要塑形,又要"铸魂",既要呈现"硬实力",又要凝聚"软实力",即加强乡村文化建设,为乡村发展构建精神动力。"三农"服务人员需要深入调研挖掘当地的乡村文化遗产,以此作为主要载体,凝练优秀文化,推出先进典范,构建传播途径,形成乡村文化以点带面的网络,传播开来。例如:天津市滨海新区的太平镇崔庄村就是在当地政府和"三农"服务人员共同努力下构建了富有特色的乡村文化体系。该村以新时代文明实践站为依托,以非遗传承志愿者为主体,以农村百姓为受众,通过技艺展示、集中演讲、互动教学等形式推动非物质文化遗产进乡村,让广大群众近距离接触优秀的传统农耕文化,感受非遗文化的魅力。接下来,该村将实施休闲农业模式,完善乡村规划工作机制,重视"全球重要农业文化遗产"的保护制度和路径的建设,创新地方文化特色活动形式,深化土地资源和人力资源的进一步融合,打造集农业观光、农产品采摘、休闲旅游于一体的新时代乡村。

乡村文化建设需要精准定位乡村文化，打造乡村文化产业。打造乡村文化产业不能走同质化、复制化路线，要科学把握地域文化的差异性，注重地域特色，保存乡土味道，留得住青山，记得住乡愁；打造乡村文化产业，要增强创新思维，建设一批特色鲜明、优势突出的农耕文化产业展示区，打造一批特色文化产业乡镇、文化产业特色村和文化产业群；打造乡村文化产业，要进行资源调研。结合城乡一体化发展和文化生态建设，对文化产品进行创意设计，挖掘符合现代设计的乡土文化元素，提取当地文化特色符号，突出乡村风土人情，彰显文化独特个性，做到时代性与本土性有机统一，使乡土性融合到现代性之中，历史性融合到实用性之中，充分体现乡村文化特性，使传统文化既得到继承又得到发展，形成符合当下文创设计理念、代表当地本土文化的系列产品。

### （四）乡村人才队伍建设方面

乡村人才队伍建设是农村经济发展的内生动力，有助于开创乡村振兴的新角度、新形势、新成果。人才振兴是实现产业振兴的基础，有利于促进农村经济高质量发展，有利于提高人口总体素质。首先，乡村产业振兴需要大量"爱农业、懂技术、善经营"的新型农村职业农民；其次，解决当前农村市场"小生产、大需求"的市场矛盾需要进行农业生产组织结构创新，所以乡村产业振兴需要一批能够促进新型农村经济组织、农业产业联合体高效运营的经营管理人才；最后，乡村产业振兴还需依靠"高、精、尖"的现代化农业生产设备和"稳、准、优"的农业科学技术手段来实现产业结构转型升级，也需要借助电子商务运营模式分析市场前景，因此只有加强农业科技人才队伍、互联网科技人才队伍建设才能实现产业振兴，进而推进乡村人民生活富裕的美好目标的实现。以重庆市乡村人才建设的举措为例：重庆市搭建网络平台和移动 App，形成了"三农"人才服务的双向选择机制，"三农"专业人才的专业、特长作为服务的供给方可以方便地在平台上查询，乡村组织依据自身在具体工作中存在的服务需求在平台上与需要的专业人才对接，这种模式也有人形象地称之为"智慧乡村人才超市"，这种服务对接可以是有偿的，也可以是自愿无偿的服务。这种人才服务模式克服了时空对接的不便，使人才在城乡之间流动更加便利。杭州在这方面的经验也是可圈可点的，2021年，杭州市组织了八家农商银行，组建了人才服务团队，发布了金融助力乡村振兴人才"春雨计划"，成立了国内第一家"乡村振兴人才银行"，提供农业特色融资授信、农业资产管理增值、项目资金对接等金融服务，真正帮助乡村解决了"三农"发展工作中的融资难题。

### （五）乡村人居环境改善方面

人居环境是人与自然相互作用、相互联系的媒介。乡村人居环境的改善是美丽乡村建设的重要标志。为推动我国乡村人居环境建设的发展，2018年，中共中央办公厅、国务院办公厅印发实施了《农村人居环境整治三年行动方案》；河北省依据该方案在农村人居环境治理和改善的过程中，主抓乡村生活垃圾处理、污水的排放与治理以及美化村容村貌等方面，近年来已经有了明显的改善，但是总体上来看，底子比较薄，基础差，还需要不断拓宽思路，汲取先进地区的经验，深化人居环境治理。大多数村庄未形成生活垃圾无害化处理和循环利用系统，基本可以做到生活垃圾及时清运，但是由于人手不足，在农忙时节也会有垃圾乱倒、脏水乱泼，垃圾清运不及时的现象，这些问题严重影响了农民的居住环境、健康状况以及农村建设的总体风貌。同时厕所改造仍旧是河北部分农村需要不断推进的项目，一些地区在这个问题的改善上大力应用现代技术。如非冲式生物降解马桶，具有科技含量高、免水冲、无臭味、无污染的特点，经过处理的粪污转化成生态有机肥，既能形成经济效益，还能避免粪污对土壤、地表水体和地下水体的潜在污染。当然，这种模式也有其适用的空间，并不是所有地区都适用。各地因地制宜选择符合当地实际的改厕模式，对于前期改造后不适用的，采取有效措施，予以纠正，确保改造的实用性。特别是在高寒偏远山区和水源不充足区域，建议沿用传统旱厕模式，统一规划、设计、建设，分类优化水冲方式，使厕所与农村环境相适应、相统一，保持农村原生态的风貌。在村容村貌的建设方面，要避免单一模式、千篇一律。要突出各村的特色，挖掘其传统文化元素，本着方便群众、美化环境的原则，对村落布局、墙体规划进行个性化设计，整体要具有可识别性，以主要农业产业品牌为主导，建设乡村生活的品牌。

# 第三节 河北省"三农"人才服务基层的路径

我们知道，在国家经济发展的过程中，科学技术的应用和推广起到了至关重要的作用。如何让科技成果赋能农业？这就需要进一步开拓和深入"三农"科技人才在农业农村工作中的开展路径，使其目的明确，过程清晰，结果有效。以下是河北省"三农"人才服务基层的路径。

## 一、技术合作路径

我国农业科技人才相比农业发达国家而言，比较匮乏。我国是农业人口大国，在农业技术开发上的投入相比其他技术类的投入是占比较低的，即在农业技术服务方面的需求是远远大于供给的。这一状况必然促使我们要充分利用现有的农业人力资源，积极开展技术合作，通过合作助力或借力发展。农业技术合作与其他方面的合作大致相同，农业技术合作路径一般包括技术指导、技术入股、技术转让三种形式。技术指导即在农户需要的时候给予专业上的指点，大多数是无偿的。技术入股即农业技术人员用自己开发的技术作为股份，参与农户或农业经济体的经营、管理过程并参与最终利益分享。技术转让就是技术所有人员或机构将具有专利权的技术转让给农业经济体，可以全部转让，也可以分次或部分转让，这是科研技术成果转化为社会生产力的重要途径。

## 二、产学研合作路径

这种途径适合高校或科研院所。高校或研究所拥有研发人才和技术专利权，农业企业拥有生产设备和资金，二者通过协商的方式达成协议，开展研发、生产。这种合作路径在法国、澳大利亚等发达国家最常见，近几年，这种方式在我国也得到了快速的发展。它不仅对高校教学实践和科研应用的开展有着强有力的推动作用，同时促进了科技成果的转化，并不断得到优化升级，应大力拓展这种农业科技服务合作路径。近年来，河北科技师范学院大力发展产学研合作，先后建立产学研示范基地 32 个，如表 4.4 所示。

表 4.4　河北科技师范学院产学研示范基地

| 序号 | 基地名称 | 合作企业 |
|---|---|---|
| 1 | 肉鸡养殖产学研合作示范基地 | 河北滦平华都食品有限公司 |
| 2 | 黑猪养殖产学研合作示范基地 | 杨德（北京）生态农业科技有限公司 |
| 3 | 卢龙杂粮产学研合作示范基地 | 卢龙县中强孤竹小金米种植专业合作社 |
| 4 | 甜樱桃产学研合作示范基地 | 河北省樱萃园农业科技有限公司 |
| 5 | 苹果产学研合作示范基地 | 抚宁县安鑫水果种植专业合作社 |
| 6 | 燕山板栗产学研合作示范基地 | 青龙满族自治县五指山板栗专业合作社 |
| 7 | 迁安亚滦湾产学研合作示范基地 | 迁安亚滦湾国家农业开发创新产业有限公司 |
| 8 | 太阳能电池组件封装设备研发产学研合作示范基地 | 秦皇岛新禹机械设备有限公司 |
| 9 | 秸秆饲料收获机械产学研合作示范基地 | 唐山鑫万达实业股份有限公司 |
| 10 | 农业机械化产学研合作示范基地 | 河北永发鸿田农机制造有限公司 |
| 11 | 地王酿酒工程技术研究产学研合作示范基地 | 中化河北地王集团 |
| 12 | 承德山楂产业产学研合作示范基地 | 承德栗源食品有限公司 |
| 13 | 沙河综合试验站 | 河北宝晟农业开发有限公司 |
| 14 | 友顺产学研合作示范基地 | 唐山友顺农业开发发展有限公司 |
| 15 | 湿地公园产学研合作示范基地 | 秦皇岛市北戴河国家湿地公园 |
| 16 | 固体废弃物综合利用产学研合作示范基地 | 秦皇岛三益环保科技开发有限公司 |
| 17 | 孤竹文化研究基地 | 中国孤竹文化研究中心 |
| 18 | 产业聚集区品牌安全法律保护研究基地 | 昌黎干红葡萄酒产业聚集区管委 |
| 19 | 肉牛养殖产学研合作示范基地 | 秦皇岛犇驰牧业发展有限公司 |
| 20 | 农业品牌建设产学研合作示范基地 | 滦南县华圃谷物种植专业合作社 |
| 21 | 秦皇岛汉风耕读苑产学研合作示范基地 | 秦皇岛市汉风耕读苑农业发展有限公司 |
| 22 | 设施蔬菜产学研合作示范基地 | 昌黎县嘉诚实业集团有限公司 |
| 23 | 化肥工业产学研合作示范基地 | 中国 - 阿拉伯化肥有限公司 |

（续表）

| 序号 | 基地名称 | 合作企业 |
|---|---|---|
| 24 | 城市交通综合治理产学研合作示范基地 | 秦皇岛市公安局交通警察支队 |
| 25 | 绿色建筑产学研合作示范基地 | 河北广德工程监理有限公司 |
| 26 | 鱼类循环水养殖产学研合作示范基地 | 秦皇岛粮丰海洋生态科技开发股份有限公司 |
| 27 | 化学新材料产学研合作示范基地 | 北京化工大学秦皇岛环渤海生物产业研究院 |
| 28 | 丰田五金农具产学研合作示范基地 | 滦南县丰田五金农具制造有限公司 |
| 29 | 虚拟现实技术教育应用合作示范基地 | 秦皇岛视翼科技有限公司 |
| 30 | 鸟类救助疾病防控及科普合作示范基地 | 秦皇岛市北戴河区翼展鸟类救养中心 |
| 31 | 设施小浆果蔬菜产学研合作示范基地 | 卢龙县蓝美农业科技有限公司 |
| 32 | 休闲旅游产学研合作示范基地 | 河北英皇马术俱乐部集团有限公司 |

## 三、农业科技园区路径

农业科技园区也是近年来一种实现技术转化和应用的路径。在"三农"发展领域，这是一种相对而言最困难但可以带来丰厚收益的路径。首先要求当地具有足够的科技人力资源等无形资产，还需要当地的涉农类高校的参与。高校具有比较完整的学科群，这是开展研究的基础性条件。农业科技园通常以市场需求为主导，建立研究成果孵化基地。党中央和国务院非常重视农业科技园的建设，先后分 7 个批次批准了北京顺义等 200 多个国家农业科技园。例如：天津市宝坻区以国家农业科技园区为平台载体，围绕核心区试验，示范区转化推广，大力推进欢喜庄园"中国欢喜航空农旅项目综合体"建设，将优质小站稻立体种养、特色水产养殖与低空航空运动观赏与体验有机结合，推动农业大幅快步前进。

## 四、科技信息服务路径

"三农"服务可以从农户和农业企业对农业技术和信息的需求状况出发，为他们构建信息服务路径,主要包括:科技信息加工、重整以及科技信息系统化。信息服务分三个层次:简单信息服务、一般信息服务和高级信息服务。简单信息服务是对信息搜集、传播、交流的一种单向服务,主要以信息单向传输为主,这些信息只发生空间上的移动和转换,并未发生质的变化,其结构和组织形态完全不变,如科技开发、农业生产、法律服务等。一般信息服务的目的性和针对性相比简单信息服务更强一些,这种信息的搜集有特定的收集对象,必须要根据服务对象的需求才能进行,对信息进行一般性整理、加工,使之条理化,便于信息使用者使用。高级信息服务要求达到的目标更高一些,它是对所拥有的科技信息进行系统化整理,并进行深度加工,使信息组织形态产生结构性变化,并要求在原来的基础上有一定的理论和实践创新。

## 五、科技中介服务路径

科技中介服务路径是各地方政府和农业高校在相互配合和协作进行农业科技服务时,经常采用的一种路径,农业高校运用现代企业经营模式和管理制度建立科技中介,这种中介必须具有浓厚的科技学术背景,在人才队伍的组建和扩建上,一般喜欢引进高学历、高职称且具有真正实力的科技开发人员,吸纳行业专家,聘请高级财会人员进行成本、收益等方面的核算。科技中介组织既要有科技转化的成果和经验,还要有对成果转化的实际操作能力,结合实际需求,从高校或科研院所选出适宜的成果进行不同程度的转化,借助风险投资方面的外力来降低转化失败的成本,利用其专业知识和市场经验对将要转化的技术进行客观的综合评价,进而保障各方利益的最大化。

# 第五章　河北"三农"人才服务基层存在的现实问题及因素分析

## 第一节　河北"三农"人才服务基层存在的现实问题

### 一、"三农"人才"引入难"——仅靠党政安排，服务意愿不强

乡村如何振兴，一靠人才，二靠技术，所以科技人才的引入是影响乡村振兴的速度和质量的至关重要的因素，但是受到农村经济发展落后、人才激励不足、发展空间较小、保障服务措施不完善等多方面的影响，乡村科技人才的引入存在很多现实的障碍。所以地方"三农"人才的引入绝大多数是通过行政命令委派人员下基层服务，基层工作环境通常比较艰苦，这些技术人员通常工作至服务期限就离开乡村，自主服务的意愿不强，没有意愿，哪来的热情？没有热情哪来高的服务质量？当然，为了鼓励科技人才下乡服务"三农"，政府或相关单位也出台了一些相应的激励措施，例如给予一定数额的补助，给予评职称方面的优先权，等等。尽管存在这样那样的问题，但是"三农"服务工作也取得一定的成果，例如，每年河北省的科技特派员队伍的规模都在扩大，截至2021年，河北省已经备案的科技特派员已达6 797人，预计到2025年将有可能达到1万人，这个人数规模不小，要想使这些人才发挥价值，就需要全方位、多角度激发人才的服务意愿。激发人才的服务意愿，首先要从人才本身的发展需求出发，这些具有一定技能的人力资源，他们通常除了看重自己的努力是否能带来经济上的实惠之外，还更看重自身未来的发展空间。

河北乡村依靠自身优势吸引人才资源的能力不明显，缺少优势产业、缺少可

持续发展的项目、当地人的地方保护主义等都是导致外部人才或资金很难进来的原因。以河北省昌黎县葡萄沟为例,该地的乡村特色旅游、葡萄采摘已初具规模,但是仍然处于小家小户、作坊式经营,产业链局限于葡萄种植、采摘、酿酒等环节,对于文化特色培育、盘活闲置农房等高端的产品服务涉及得较少,农业产业服务的进一步升级受到一定的限制。

## 二、"三农"人才"下沉难"——下沉深度不够,服务质量不高

所谓人才下沉,即鼓励拥有一定技术和特长的人才走出校园,走出研究机构,走向社会,走向基层,为一线劳动者服务。基层是适合人才的"天然土壤",通过基层的实践和历练,提升理论知识联系实际的能力,提升解决实际问题的能力,同时提升联系群众的能力。深入了解群众的技术和能力缺口以及最迫切的需求,从而,有针对性地给出可持续的扶持和指导。人才下沉不仅可以起到真正服务"三农"的作用,而且可以进一步确定技术人员和科技工作者的研究方向,保证他们的研究成果或技术转化有持续的市场价值和社会价值,脱离基层、脱离群众的研究是很难站得住脚的。这是一个互利互惠的良性循环,既有利于"三农"产业的健康快速发展,又有利于科研工作者和技术服务者优化研究方向,聚焦研究问题,提升研究成果和技术的价值,真正实现"从群众中来,到群众中去"。有效的人才下沉可以激活原有基层工作者的工作活力,督促他们提高服务质量,更加用心做好自己的本职工作,可以在一定程度上给在职基层人员在工作上产生一定的紧迫感,激活人才利用的"源头活水",促进人力资源的充分利用。科技特派员制度是人才下沉的比较现实的途径,近些年在河北省也涌现出很多真正走在一线,走进乡村,能够俯下身来,躬耕田野,服务"三农"的典型人物和典型事迹。张家口市农业科学院的王秀荣作为张家口市康保县某乡村的科技特派员,到2023年已是第7个年头,手机里每天都会收到当地农民发来的技术咨询类的微信,有咨询哈密瓜大棚种植技术的,有咨询苹果种植病虫害防治的,有咨询果林选种的。王秀荣每天都会有一部分时间奔走在农民的大棚里、田地里,真正走进了田间地

头，手把手、面对面地指导农民种植果林，解决农民棘手的技术问题，成了当地农民种植果林方面的主心骨。但并不是所有的科技特派员都能做到像王秀荣一样真正"沉下来"，有些科技特派员人浮于事，只注重名声，没有实际服务行动，或者服务效果不明显，与服务对象的联系不紧密，不能真正服务到群众的需求点上，服务质量不高，得不到农民的认可。

## 三、"三农"人才"留下难"——考核激励不足，服务效果不稳

"三农"服务人才引来了，派下来了，服务一阵子，最终是要离开，他们最终很难属于这片土地，对乡村振兴有一定程度的影响，为什么"留下难"？究其原因有三个方面：一是人才管理机制不完善，相应的激励制度不完善，付出的辛苦多了，收益反而没有新增；二是工作环境艰苦、生活不便利、文化休闲设施缺乏；三是教育资源匮乏，很多科技特派员觉得，我可以吃苦，但是孩子的教育不能将就，这关乎一个家庭的未来，所以最终会选择离开，转向城市工作和生活。所以真正要合适的人才留下来，首先要有留人的环境和激励机制，科技服务人员像"走马灯"似的，不仅影响服务质量，还影响原有服务人员的士气。"三农"服务的效果要从"实际""实用""实效"等方面来具体衡量，需要在基层形成一个长效机制，结合主要的农时季节，通过开办科技培训班、设置"田间实践指导课堂"、开通科技咨询的渠道、搭建技术指导的平台、发放科技常识明白卡等具体形式，让农民可以在需要的时候找到解决问题的方向。对"三农"服务人员考核激励需要考虑到服务项目的数量、频率、质量、农户的反馈等，同时还需要结合以上考核的项目设置对应的奖励项目。不是每个"三农"服务人员都有一腔热忱，所以奖励机制必须要有所体现，既要有物质方面的激励，也要有精神方面的激励，还要与个人发展（培训学习、晋升）相联系。只有稳住了人，服务效果才能稳住。"三农"服务领域要想真正留住服务人员，要坚持事业留人、感情留人、待遇留人，营造用才、重才、惜才、助才的浓厚氛围。

### 四、"三农"服务"联动难"——配套保障制度的完整性和联动性需要进一步提升

"三农"服务配套保障制度，包括土地流转制度、农业用地管理、高标准农田建设、涉农金融政策等。这些相关保障制度在制度的设计、实施方面都存在不完善之处，制度上的漏洞对"三农"服务的开展造成了一定的影响，这就需要各地结合当地民情、农业特色、传统文化特点开展针对性的服务内容，需要一定的创新思维。这就要求"三农"服务人员融入圈子了解问题，跳出圈子创新解决问题。由于涉及利益分配或责任分担，各相关部门在协调性和联动性方面还需要进一步提升，有一些涉农项目涉及多部门，需要联合行动，各司其职，配合协调，缺失任何一个部门的配合都会给工作的实施过程带来困难，使得实施效果难以达到预期。这就需要在顶层制度设计上明确权责和利益分配机制，树立有效联动的典范，鼓励各部门开展横向合作，实现互补共赢。

## 第二节　河北"三农"人才服务基层存在问题的因素分析

"三农"人才服务基层存在的问题很多，有的显现出来，有的未显现出来，究其成因，主要从服务主体的主观方面和服务对象的客观方面两个角度分析。

### 一、主观方面

#### （一）人才自身意愿

从对"三农"服务人才的调查问卷及访谈可知，多数"三农"服务人才对下到基层去或走进田间地头的积极性不高。虽然政府也出台了相关文件，加大对扶农助农工作人员的奖励和补助，但具体到实施单位如何设置奖励制度，还需要详细的可实施的细则性文件。一些单位也出台了一些奖励举措，对下基层扶农助农

的工作人员给予经费支持和工作量核算的倾斜，但激励的效果不明显。要想提高对人才的激励效果，首先要对人才的自身需求进行分析，即要有针对性地满足人才的需求，按照马斯洛的需求层析理论，人的需求是在不同层次之间演进的，从较低层次的生理需求到较高层次的个人价值的实现需求，不是一蹴而就的，所以制定激励政策要考虑到这种多层次性，要了解人才的需求目前是处于哪个层次，进而设计有弹性的、可选择的激励"套餐"制度。另外，科技服务创造的价值不易衡量，有的可以马上显现出来，有的需要长期累积才能看到效果，所以要科学地将科技工作者的劳动付出与其实现价值的关系体现在考核机制中，不能"唯结果论"。部分涉农专业的人才看不到自身的技术或管理优势，对于扶农助农的信心略显不足，存在"不敢"的心态，这也很大程度上说明我们乡村振兴政策的宣传不到位，供需对接不到位，扶农助农人才队伍尚须进一步的组织和打磨。因此，组织引导"三农"服务人才下乡，消除"不愿、不敢"的心理顾虑是关键。

"三农"人才的职业成长与基层服务的数量质量相关程度弱。"三农"人才的培养目标是培养学农、知农、爱农的专业人才，首先要侧重于对"三农"人才理论修养的提升，要有"兴农报国志"，要有时代的责任感和使命感。但是仅有这些精神层面的素质是不够的，还需要有真技术、真本领。一旦"三农"人才所拥有的技术或本领能够带来收益，就应该在人才的个人职业发展和成长上有所体现，即人才的职业晋升与其服务基层的数量和质量紧密相关。在实际的"三农"服务领域中，人才服务基层的数量有统计，但是质量没有统一的评价机制，由于没有评价标准，所以服务质量很难保证，所以"蜻蜓点水"式的服务居多，"真抓实干"的服务较少。

## （二）家庭因素

对于大多数来自农村的大学生而言，考上大学意味着他们可以跳出"农门"，去现代化的大城市生活，这是他们的发展目标，更是家长的期待和荣耀。如果毕业后再次回到农村，这个结果对于原生家庭而言是很难接受的，在很多人的思想意识中，"农村环境太艰苦了，农民太累了"，他们倾尽毕生的心血就是为了孩子可以不再经历祖辈们受过的苦。这种对"三农"的固有认知，需要大量的现代农业成功的实践和实例来潜移默化地改变。"人往高处走"，本身来自城市家庭的大学生也不会选择条件艰苦、离家远的农村地区，偶尔到农村体验生活勉强可以接受，但是长期地驻扎在农村，是很难做到的。

虽然服务"三农"有很多种形式，有长期的、短期的，有线上的、线下的，但是不论哪种形式，都需要有一颗热爱和敬重"三农"的心，任何对"三农"排斥和远离的心理状态都会影响服务的质量和效果。所以，基于这方面的因素，高校涉农类专业在学生培养的过程中要加强课程思政相关内容的导入，培养学生的"三农"情怀，即对农民、农村和农业工作的发自内心的热爱和期待，树立积极、自愿投身新农村建设的优秀榜样，实现自己的专业价值和社会价值。同时，对于来自农村的学生，教师可以引入乡土文化的教育，激发学生的乡土情怀和自豪感、责任感，使学生明白乡村振兴的重要意义，明确自己的专业知识和技能能够为家乡的建设添砖加瓦，相信自己在创新能力和学习能力方面是有很大的优势的。

## 二、客观因素

### （一）经济发展因素

近年来，农村青壮年劳动力外出打工，离开农村，这并不是由于农村人才过剩，而是城乡经济发展不均衡导致的人口流动。首先，农业发展不充分是导致人口外流的根本原因。一方面，由于农业发展较慢，导致能在农业产业就业的人数较少，进而"三农"产业对高科技人才的需求也显得不是很迫切，因为一般务农的都是50岁以上的人，他们已经习惯了传统种植技术，不想在土地上过多地投入；另一方面，农牧产品的深加工、农产品销售、农机设备产业也未被充分带动起来，总体而言，吸纳劳动力，尤其是吸纳高科技人才的能力不足。

其次，大部分农村地区农民农业收入水平与城市经济发达区域收入水平相比差别大，农业生产大多还是粗放型的生产模式。大量乡镇企业发展迅速，但是设备陈旧、技术落后，有的甚至存在严重的环境污染问题，总体来看，经济发展的数量和质量都有待于进一步提高，高质量人才的吸引力不足，更不易留住人才。有的科技工作者即使来到农村，也存在服务周期短、心浮气躁的现象。服务期限一旦到期，这些人才可能就会马上离开。有些地区由于历史原因，还存在对"三农"服务人员排斥的现象，即担心这些"外来人员"抢占资源，担心"上面派下来的人"对现有工作"挑刺儿"、不满、"打小报告"。这些原因都会在不同程度上影响"三农"服务工作的有效开展。

### （二）社会人文因素

社会人文环境主要包括人的思想意识、道德伦理、制度文化、风俗习惯、宗教信仰等方面。人文环境是新农村建设的重要组成部分。当前，在大部分农村地区还存在很多人文素养方面的问题。乡村要想振兴，必须正视这些问题。第一，是根深蒂固的"小农"意识，这种相对比较陈旧的思想主要表现在视野狭窄、目光不长远，安于现状、进取心不强，人情世故、家族观念浓厚等。这些思想顽疾与社会主义新农村建设的思想意识是相背离的。第二，农村的教育水平相对落后，农民的文化素质普遍不高。这种情况使得在"三农"服务过程中的沟通不畅，思想意识方面也很难产生共鸣，容易导致"三农"服务人员"费力不讨好"的结果出现。尤其在进行现代农业技术的交流和传授的时候，部分年龄大的农民的领悟能力较弱，推广起来更加费时费力。这已经成为制约农业现代化发展的主要障碍，也是政府在乡村振兴工作中的主要着力点。第三，农村法制建设相对滞后，农民的法律意识有待于进一步提升。在农村，不懂法、不守法，甚至不信法的现象屡见不鲜，甚至有些村干部也存在以言代法，"人治"大于法治的行为，导致很多有关"三农"的纠纷不能及时解决，由于搁置矛盾的进一步恶化，甚至存在大量以权压法、违法不究的现象，这严重影响了法律的神圣，也影响了老百姓对法律的信任和依赖。第四，封建残余思想的影响深刻，一些迷信思想、宗族观念、陈规陋习也是农村改革创新的拦路虎。第五,环境保护意识淡薄,生活垃圾乱堆乱倒,生活环境"脏、乱、差",缺少必要的基础设施,交通不便利,教育资源匮乏等问题依然严重制约着新农村的建设。综上,要想"三农"服务有效地开展,必须营造良好的、健康的、积极的人居环境,只有处之舒适的环境才能吸引得来人才,才能留得住人才,才能实现可持续发展,乡村振兴是要农民的腰包鼓起来,也要农民的头脑"富起来"。

服务供需对接机制不健全。"三农"服务供给方即政府及各专业机构的相关服务支持人员,他们提供有关农业理论指导、技术服务、农业设施建设、农村规划及治理、农业企业管理咨询等方面的服务。"三农"服务的需求方即广大农户、农业企业管理者、农村基层组织等。近年来,政府及各主管部门建设了一些对接的机制和平台,例如乡村科技特派员制度、科技小院模式等,但是仍然存在供需对接方面的种种不畅,例如农业科技工作者提出的建议或方案,农户不买账,农户要真正解决的问题,例如资金问题、资源分配问题,科技工作者又很少能帮得上忙。所以,使得"三农"服务流于形式,农户也已经习惯了,会有一些所谓的"专家"定期来访,拉条幅拍完照,他们就会离开,实际上解决不了实质性的问题。"三农"服务人员久而久之也形成了习惯,下乡是为了年终考核而不得不走的形式而已,农村的问题太多,不是凭一己之力可以改变的,大家心照不宣,所以就出现了"新问题年年出,老问题年年有"的现象。各相关部门要定期开展对接活动,有目的地去了解"三农"的需求,不能想当然。例如:浙江省金华市金东区定期组织召开"三农"金融服务对接座谈会。座谈会上,各金融机构相关负责人介绍惠农金融政策及相关金融产品;各农业企业代表或农户介绍自身特色优势以及融资需求,各金融机构不断加大金融资源向乡村振兴重点领域和薄弱环节的倾斜力度,围绕地方特色优势产业,推出"粮农贷""花木贷""惠农共富贷"等,不断丰富满足"三农"需求的金融产品和服务。2022年,金东区举办多场农企金融需求对接会,辖区内16家主要银行累计为涉农企业解决资金需求3 600万元。

"三农"人才与基的环境条件(习惯、文化等)不适应。"三农"服务人才一般来自高校、科技局等单位,他们所从事的专业一般都是涉农类的专业,为农服务是他们的本职工作内容之一，所以定期或不定期走访、下乡，他们可以接受，但是长期扎根在农村就不太现实了，他们习惯了城市生活的便利、繁华以及良好的医疗和教育条件，相比较农村的生活条件（卫生、娱乐、教育、医疗等），很难适应。同时人才在与农民沟通方面，也存在着思想意识的偏差，即人才认为此项技术有利于改善某个农业问题，而农户多年来已经习惯了这个问题的存在，认为没有解决的必要。因为，目前农村从事农业活动的大部分都是45岁以上的人，他们接受新事物的理念没有完全打开，瞻前顾后，害怕损失，所以并不是所有的新技术都能顺利地在所有农村应用和推广。"三农"服务工作者不仅要解决技术上出现的问题，还要花精力去与农民沟通、交流，说服他们，为他们讲解，这无形中就加大了服务人员的工作量，使人望而生畏。

# 第六章 河北省"三农"人才服务基层的对策

经过对来自不同领域的"三农"科技服务人才进行实地或网络问卷调查，发现在参与调查的人员中参与"三农"服务的积极性不高。这就需要单位或政府政策上有相应的奖励举措，从人才的需求角度出发，尝试设置富有激励性的政策，让广大人才愿意走进基层，深入需要他们的地方去。

## 第一节 重视人才开发，让科技人才"想下去"

当前，经济落后地区急需服务"三农"的人才，当地目前仅有的人才数量不能满足乡村振兴所需的人才数量。所以人才开发的工作是乡村人才振兴的首要任务之一。那么，如何才能推动"三农"服务人才的有效开发呢？主要从以下三方面着手开展工作：第一，要做到有效的目标管理，即结合当地实际情况制定和明确符合实际发展方向的目标，为"三农"服务人才提供具有吸引力的愿景和良好的发展前景。第二，尝试开放的创新激励机制，即"引进人才要大胆、使用人才要容错、评价人才要多维"，最大限度地释放人才本身所具有的创造力，创新激励机制。同时，鼓励同乡举荐本地"能人"参与乡村建设，通过设置"伯乐奖""慧眼奖"等奖项来鼓励更多的人参与到发现人才、培养人才的工作中来，进而使得本土人才的活力尽情释放。第三，要重视自身人才的培养，弥补急缺的农业人才短板。实施"三农"短缺人才培养计划，尤其培养农业产业服务人才、农村经营管理服务人才、农业技术服务人才，进而形成乡村建设的有力人才堡垒。河北省可以尝试设置"中职—高职—本科"农业人才培养路径，实施"政村企校"多方联动的人才培养方略。具体从以下几个方面来分析：

## 一、建立科学的"三农"人才考核机制和奖励机制

要想提升人才的服务积极性，首先尝试从"三农"服务人才最重视的职称评聘机制入手。例如，可以把是否具有服务"三农"工作的经历作为人才职称评定的入门条件之一，对在服务基层方面受欢迎、反馈好、效果明显的"三农"服务人才，在年底考核、晋升和评职工作中优先考虑；在扶助"三农"工作过程中承担的科学研究项目或科技成果转化可以成为晋升、职称认定的重大加分项目；将科技人才承担下乡派驻任务视同承担省级或市级科技计划项目，优先推荐助力乡村振兴的科技人才承担企业横向项目和各类创新推广项目等。将"三农"服务工作的数量和质量与个人职业发展紧密结合起来。

其次，在物质奖励方面，要将扶助"三农"工作折合成为相应的工作量，确保下基层的人员的薪酬收入高于同级别未下基层的员工；同时，增加对下乡人才科技转化成果项目的奖励，而且这些奖励要及时发放，并将下乡人员作为先进人物和榜样公之于众，鼓励大家效仿，对其他员工的行为也会起到引导的作用。

最后，精神层面的奖励也很重要，相关部门及人才所在单位要定期组织优秀人才或杰出贡献人才的评选活动，选出绩效好的人才作为典型在组织内部进行表彰和宣传，让人才在辛苦付出之后可以在一定程度上得到精神层面的鼓励和慰藉。通过物质或精神方面的认可和奖励，进一步提振"三农"服务人员的信心，激发他们在现有服务水平的基础上继续克服困难，开展研究，发挥专业优势，更好地助力乡村振兴大业。

## 二、涉农高校加强农科专业人才培养，提升农科学生服务"三农"能力

农科高校中有部分学生来自农村地区，所学专业也是农业相关的专业，就业方向自然也会在"三农"相关领域，所以，政府或高校鼓励或通过政策吸引农科专业大学生投入"三农"服务的人才队伍是切实可行的路径之一，这也是这个时

代所赋予大学生的机遇和使命。农科专业学生的培养目标是：按照农业现代化和产业化的要求培养人才，从学科专业角度培养学生的实践动手能力、知识运用能力、知识创新能力。从课程思政的角度，帮助学生树立明确的职业目标，鼓励学生学农爱农、帮农助农、兴农兴邦。引导学生深入农村基层展开相关调查研究，多层次、全方位对调研结果进行交流。利用寒暑假的时间，开展有关"三农"的社会实践活动，通过这些活动让大学生进一步去了解农村、感受农村。多树立服务"三农"学长典范，对于在服务"三农"岗位上作出突出贡献、表现优异的大学生，应予以宣传、表彰和奖励并提拔、重用，让学生真正感受到学农有出息、助农有作为。西北农林科技大学机械与电子工程学院研究生赵开元就是这样一位值得大学生学习的榜样，他是西北农林科技大学"研究生助农团"的一名成员，服务期间他被派到四川省镇巴县农业科技进步促进中心参加实践锻炼。该县位于巴山山区，主要种植药材，以大黄种植为主导产业，受地形地貌的限制，大黄的采收是农民最苦恼的事情，赵开元了解了当地农户的需求之后，决定和同事们一起研发一款采收大黄的机械，经过多次田间地头的调研，数据测量、材质分析，经过多次尝试，他研制的采收机非常实用，省时省力，不仅采收大黄有效，对板蓝根等根茎类药材都能实现高效采收。这样的优秀案例可以鼓励大学生积极参与"三农"服务，以青春之智助力乡村振兴。

## 三、逐步推动"农民"向"职业农民"的转化进程

我国是世界农业大国，但是算不上农业强国，我国的农业劳动生产力偏低，农业生产人员的技能水平还有很大的提升空间。从国际经验来看，农业强国一般都拥有先进的农业科技和农业设施，人力投入比例较低，如表6.1所示，各农业强国农业从业人员的比重呈逐渐下降的趋势，美国的农业从业人员的比重最小，但是美国的农业产量却是逐年增长，我国的农业从业人员所占的比重也在大幅度下降，2019年比1991年降低了50%以上，但是与各大农业强国相比仍旧有很大的距离，2019年我国的农业从业人员比重是澳大利亚的9.8倍，是加拿大的16.8

倍,是日本的 7.5 倍。这些数据充分说明我国农业劳动效率仍有很大的提升空间。如何提升农业劳动效率,一个有效的途径就是加快普通农民向职业农民的转化。

表 6.1 农业强国农业从业人员比重

| 国家 | 农业从业人员比重 /% | | | |
|---|---|---|---|---|
| | 1991 年 | 2001 年 | 2011 年 | 2019 年 |
| 澳大利亚 | 5.36 | 4.75 | 2.82 | 2.56 |
| 加拿大 | 3.49 | 2.16 | 1.79 | 1.51 |
| 丹麦 | 5.46 | 3.55 | 2.40 | 2.22 |
| 法国 | 6.03 | 4.07 | 2.91 | 2.53 |
| 德国 | 3.48 | 2.62 | 1.65 | 1.21 |
| 以色列 | 3.50 | 2.21 | 1.18 | 0.92 |
| 意大利 | 8.31 | 5.21 | 3.68 | 3.89 |
| 日本 | 6.73 | 4.91 | 3.97 | 3.38 |
| 荷兰 | 4.25 | 3.12 | 2.78 | 2.08 |
| 美国 | 1.93 | 1.53 | 1.45 | 1.36 |
| 中国 | 59.70 | 50.01 | 34.80 | 25.33 |

2012 年国家一号文件首次提出大力培育和发展新型职业农民,各地由此掀起了职业农民培训和认定的热潮。截至 2017 年底,国家陆续安排了数十亿元经费开展农民培训,通过实施新型职业农民培育工程,培育了一大批现代青年农场主、农村实用人才、新型农业经营主体带头人,为农业发展提供了一定的人才保障。职业农民的培育需要一整套完整的制度体系和科学的实施方案。近年来,政府相关部门对职业农民的身份认定、培育流程和制度保障等还需要进一步的程序化和系统化,要实现农民真正从职业身份上得以转化,需要有效的培育模式和管理制度,这对于提升农民的职业素质、提高农业劳动效率意义重大且深远。但是,国内职业农民培育重视程度不够,相比较国外而言,起步较晚。在教学培训体系方面存在诸多问题,例如课程标准不一、教学内容随意、师资队伍不稳定等,导致总体的培育效果不佳。同时,缺乏文化素质的培训及经营风险防范等内容的培训,难以满足个性化的学习需求。另外,国内各地对职业农民的认定标准不一致,存在较大的差异,如,广东省对年龄设定上限为 60 周岁,扬州设定为 55 周岁。

各地对身份认定标准的各自为政，不利于职业农民在地区间的流动。保障制度方面，国内相比国外农业发达国家，存在很多的漏洞和缺失，相关部门更多地关注职业农民现期内拥有的数量，在职业农民应该享有的福利和保障方面缺少长效化的机制，例如：奖励机制、晋升机会、医疗养老保障、风险补偿等方面的具体细则，这些是与职业农民切身利益最相关的方面，也是他们最关心的问题。建立职业农民身份认定评价标准，既要有全国统一的规范，也要兼顾区域特点。所以，这也是河北省"三农"服务人员应该着力去推进的重要事项，一方面探索建立统一的职业农民身份评定标准，另一方面，允许各地方结合地域特点、经济发展状况进行适度的调整和细化，积极推行职业资格准入制度和职业农民注册制度让农民真正成为"职业"，同时，明确作为职业农民的相关待遇和优惠政策，让"农民"成为人民羡慕的职业，吸引更多的人力资源流向农业领域。

## 四、大力发展农村职业教育

农民素质问题是乡村振兴工作中的基本问题。在现代农业蓬勃发展的背景下，要想提高农业生产效率，需要具有文化知识、科学素养的农民，所以很多农民需要系统的职业培训。提升农民的素质是新农村建设的关键环节。农民掌握了知识，拥有了技能，才能更好地进行生产规划、充分利用互联网思维提高农业生产收益，才能更好地利用科技成果创新种植模式，增加收入。因此，发展农民职业教育是解决"三农"问题的重要突破口之一。农村职业教育与义务教育不同，它具有较强的针对性，主要针对农业实用技术教育、农作物种植技术的推广等农民在生产过程中急需的要素。同时，农村职业教育一般分层次进行，即重点对有文化基础的骨干农民优先进行培训，然后发挥"一带一"的辐射作用，以点带面地扩大培训的范围和群体。对于文化素质薄弱的群体主要以系统性的教育为主，先以学员感兴趣的知识点作为切入点，将枯燥、晦涩的知识内容以学员容易接受的方式输出。在农村劳动力转移中，以技能培训为主的成人教育也是提升人口素质的有效途径，通过系统的培训让即将实现转移的农村劳动力拥有除了种地之外的生存技能，进而可以较快地融入城镇的生活。

### 五、发挥乡贤作用，加强农民科技创新能力培育

乡贤主要是指与农村有着一定联系的贤达人士，即与乡村有着人缘、亲缘、地缘等关系的在某方面有着一定影响力的人物。乡贤在当地通常具有一定感召力、影响力和凝聚力，所以，在推动"三农"服务的实际行动中，应充分发挥好乡贤在乡村振兴中的重要作用。通过乡贤的典型示范作用，带动农民自身参与到农业科技创新活动中来，进而逐步提升农民的农业科技创新能力。首先，要充分发挥乡贤的作用，使其发挥聪明才干或已有的技能或资源，为当地乡村建设的实际问题提出建议，有钱出钱，有力出力，既要让农民的"口袋"鼓起来，更要让农民的"脑袋"动起来，为科技创新提供新思路、新点子，为乡村振兴提供新方案、新动能。其次，新乡贤通过引领致富这种直接方式，可以参与乡村的治理。例如，2020 年，四川省泸州市在全省首创由新乡贤来担任"特聘村主任"的治理模式，全市 600 多个行政村选聘乡贤作为"特聘村主任"的共有 655 名。这些选聘来的新乡贤深度参与"村两委"的实际工作，以项目、资金、智力等形式参与或主持文旅新村项目、产业融合项目等，带领村民建设农业龙头企业、农产品合作社、农作物专业农场等，帮助引进高学历技术人员 82 名，培养农业产业项目带头人、农产品电商达人、农业企业职业经理人等 2 000 余人，推动创办新型经营主体383 个，引进项目 269 个，引进资金 28.6 亿元，在当地已形成了浓厚的乡贤文化，有些外出多年的乡贤的思乡情结也被唤起，他们愿意尽自己的一份力量，为家乡的建设添砖加瓦。

## 第二节　健全保障机制，让科技人才"下得去"

要想让"三农"科技人才真正"下得去"基层，第一，是组织制度的保障。政府部门当然是要发挥其主导作用，通过制度设计和行政要求、多部门团结协作，

从人事考评、职称晋级、项目审批等多角度制定推动人才下基层、助农扶农的相关配套要求，形成政府职能部门协同、上下联动的合力。另外，"三农"服务人才在扶农助农工作期间，扶助内容涉及多个环节，例如技术培育、实地种植、农产品加工、品牌建设、农产品销售等，需要与相关的政府管理部门频繁打交道。这就需要农业审批部门、农业技术部门、市场管理部门协同一致，提供顺畅的办理服务，不让人才为流程为难，为科技人才提供组织流程方面的保障。第二，要想人才真正可以下到基层去，就需要顺畅的人才服务对接机制。市、县、乡各级政府相关部门要做好人才统筹规划工作，尽可能搭建平台，专门实现人才的精准对接，切实为人才下基层做好服务保障工作。第三，是业务经费保障，这也是最重要的一个环节，只有充足的经费，才能保障人才下乡后的基本的待遇和生活条件。费用主要包括日常支出（用于交差旅、住房等日常业务费用支出）、科研经费、绩效工资、成果转化奖励等。此外，应充分考虑到基层工作条件比较艰苦，要考虑到人才的很多实际花销无法提供发票这一实际情况，在经费使用和报销上实施灵活的报销制度，让扶农助农人才能够"有钱敢花，花钱能报"。第四，要想让人才"下得去，去哪里"还需要供需信息精准对接的机制，即提供有效长效的信息资源保障。这就需要相关部门建立"三农"服务人员动态数据库，人才按照其所属专业或研究特长分门别类，摸清人才的经历和过去的研究成果以及工作条件和要求。同时，农民对于人才的需求即乡村扶助项目，要进行实地的调研访谈，对"三农"的具体需求精准描述，包括待解决的问题、人员数量、专业要求、对接形式等。只有供给和需求的信息得到有效的结合，人才资源才能实现人尽其用，才能进一步提高人才资源的使用效率。建立完善的人才服务保障机制，政府需着力从以下几方面来完善。

## 一、转变思想观念，提高科技服务认识

要做好"三农"服务，要让农民满意，首先要确立科技服务的指导思想。"三农"服务首先要建立在科学发展观的基础上，通过对现有资源的整合和优化，辅

以科技人员的培养和带动，形成发展创新的合力，正所谓"科技是第一生产力"，在农业生产中也不例外。其次要强化科技服务的定位。河北农业大学用实际行动证明了农业发展离不开科技服务的助力，这不仅仅能推动科研成果的转化利用，而且能为科技服务供需的双方增加活力，是"理论联系实际"的典型案例。科技服务一方面是农民收入增加、农业产出增加、农村生活富裕实现的有效途径；另一方面也使得农业科技工作者积极转变思想观念，提高市场适应的意识，把科学研究课题与市场需求相结合，让农业科研转化为经济效益。

## 二、转换"三农"服务机制，激活科研与服务动力

转换"三农"科技服务方式，优化"三农"科研机制，是加快科研院所或高校研究成果转化工作的根本。政府需要适时优化和更新现有的"三农"科技服务机制，激活农业科研单位研究成果落地的动能和潜力，同时，不断完善"三农"服务工作的绩效评价标准。首先要明晰研究成果的归属问题，切实保障科研人员对研究成果应有的权益不被侵犯。其次，要明确"三农"人才服务工作的评价标准，制定与工作数量和工作质量相关的奖金分配机制。最后，要完善对"三农"服务人才的激励制度，优化科技服务的成果分享机制，结合服务工作的结果等级和服务人才的需求，制定可行的、科学的制度，充分调动人才的服务热情和工作积极性。

## 三、转变政府职能，加强行政管理

政府职能通常都是从政治、经济、文化、社会等方面来体现。对于"三农"服务而言，政府要适当地调整和改变自身的职能，明确自身在乡村振兴工作中的核心地位和主要职责。政府要降低部门间的职能壁垒，鼓励各行政部门之间的交流与合作，有效协调科技成果的管理和转化；构建"三农"有关需求的反馈系统并定期地向各科技服务单位发布"三农"需求信息，组织科技成果转化促进会和

宣讲活动，参与科技服务人才培养，优化供需双方洽谈和对接的形式。政府加大资金投入，切实成为科研单位在技术成果转化服务中资金保障后盾；或者通过相关政策引导、财政支持或税收减免等方式，鼓励具有技术承载实力的单位或个人来为高校或科研院所的技术成果投资。

## 四、优化科技服务环境，保障科技人才权益

说到科技服务的环境，主要包括法律环境、人文环境等。首先不断优化法律环境，为服务"三农"的参与者提供制度层面保障和相关的援助。我国一直以来比较重视这方面的建设，先后颁发和实施了《中华人民共和国专利法》《中华人民共和国著作权法》《中华人民共和国技术合同法》等法律法规，为科研院所科技成果及转化提供了坚实的法制保障。自改革开放以来，随着新观念、新思潮的涌入，科研成果的落地和实施出现了一系列新问题，这都需要政府进行多方利益协调，确保相关单位和个人的利益不受损失。高校或研究机构的技术最终能否有效地转化为经济效益是需要供需双方去协商和运作的，所以培育一个安全的法律保障环境是不可或缺的。这就需要鼓励那些有文化素养的、善于接受新鲜事物的农户参与农业技术培训或技术对接，提升他们参与农业生产的热情，激发他们为乡村振兴服务的积极性。

## 五、把握发展方向，加大科技创新的针对性投入

农业科技与管理方面的创新要紧贴新农村建设的核心任务，杜绝盲目的、低效的投入以及与乡村振兴大政方针相背离的投入。"三农"科技创新要把握新农村建设发展主要方向，因地制宜、因势利导地开展科学研究和技术推广。要想发展乡村特色产业，其根本着眼点在于挖掘不同地域之间的差别和特色，发挥当地的资源禀赋，创造符合当地乡村发展的要素和条件。所以，农村科技创新的投入要立足实际，目光放长远，扬长避短，推出农村各具特色的支柱型产业，研究和

推广与当地自然和社会条件相契合的核心技术，为建设新时代的新农村提供长效的技术支持，实现"千村千面"、别具一格的乡村振兴大业。各地在农业科技创新方面的投入多少不一，要想用有限的资金投入发挥其最大的价值，就务必要将每一份投入都花在最关键的"刀刃"上，并且要求实效，即创新的结果是什么？解决了什么问题？带来了多少的经济收入？是否受到农户或农业企业的拥护和支持？当然，也不能由于我们对科技创新有这样那样的要求和限制，就因循守旧，不作改进和创新，让老问题再滋生新问题。所以科技创新的管理及激励机制非常重要，既要鼓励科技工作者研发的热情和积极性，又要保证研究方向、研究内容的实效性和经济性。

## 六、优化农村公共文化建设，营造健康和谐的人文环境

新农村的精神文化建设是乡村振兴的主要环节，公共服务活动的开展有利于提高农民的综合文化素养，丰富他们的精神生活。各级政府和相关机构通过"文化扶贫"等活动已经开展了一些文化基础设施建设活动。例如"两馆一站一室"的建设，文化"三下乡"活动，发展"文化流动车"项目，等等。由于中国是一个多民族的国家，各地拥有自身的特色文化、习俗和传统，有些地方有一些非物质文化遗产，所以应充分利用好我国传统节假日和地方性民俗传统活动，适当地组织开展文艺活动、体育竞技等文体活动，结合现代化的媒体或信息手段不断进行改进，更有利于弘扬中华优秀传统文化。同时，开展各种民族活动，有利于形成属地特色的文化品牌，例如，虎门镇的"周末文化大舞台"，自2014年创办以来，吸引了当地以及周边的很多群众来虎门度周末，真正做到了扎根基层、深入群众，演群众所好。同时，也给很多当地的草根艺人提供了登台演出的机会，营造了和谐热情的乡村文化氛围。对于新兴的、健康的娱乐文化活动要多鼓励，给予场地、服装、技术方面的指导和培训，同时注意对其产生的消极外部效应予以控制与规范。通过政府补贴、民办公助等方式，支持各村因地制宜成立各种形式的表演团队，成立读书会、创建文化中心等农民文化组织，组织各种舞蹈队、秧歌队、舞

狮队等。总之，只要是积极向上的、农民喜欢的，都应该成为我们发展公共文化的形式。相邻村乡之间通过联动举办各类比赛与会演，进而互相学习、共同进步。乡村的振兴不是仅仅需要技术和资金的支持，更需要这种文化上的滋养和润泽，没有文化内涵，再富有的乡村也是缺少灵魂和内核的。

要想提升乡村公共服务的质量，加大资金的投入是关键，资金来源主要以政府财政投入为主，民间资金为辅，社会捐助作为补充。首先，政府财政在文化方面的支出应该是长效的，而不是随机的，有些农村里建有文化站，但是设施缺失，无人指导，费用不到位，这是农村公共文化发展的主要障碍。其次，建立向农村公共文化服务供给倾斜的税收政策。国家对不同的农村公共文化产品与服务供给有不同的税收要求，政府应提供税收减免或差别税率等优惠政策。再次，针对文化惠民项目的开展设立发展专项资金。各省、市、地方政府应因地制宜，明确文化发展方向，规划出适合民情的文化发展路径，设立各种奖励金来激励优秀的文化作品和优秀文化团体，引导农村公共文化服务的健康发展。最后，重视民间机构与个人在文化服务体系建设中的作用。各机构的投资、捐助能进一步保障公共文化建设资金的供给，在完善文化基础设施的采购和维护方面可操作性更强。

随着老龄化社会的来临，农村老年人达到了前所未有的数目，"老有所为，老有所乐"是老年人生活品质的象征，也是众多老年人所向往的生活，所以近年来发展农村老年教育也是农村公共服务体系中的一个重要环节。与城市老年人相比，农村老年人整体文化水平较低，获得新鲜事物的渠道狭窄，除了家庭，他们几乎没有精神寄托，加之现在家庭规模的缩减和少子化现象，老年人唯一的精神寄托——孩子，也不能时时陪伴在其左右，所以开展老年教育不仅仅是丰富了老年人的文化生活，更是给他们枯燥的生活增添了活力和色彩。但是现实情况不容乐观，2016年我国境内老年大学有6万多所，大多分布在发达城市，开设在乡镇的老年教育机构少之又少，村里开办的就更少了。河北省的老年大学大部分都在地级市内。有人说，农村老年人不需要学习，实际上对于老年人而言，教育活动已经不是单纯地教授知识和传授技艺，而是一种陪伴和守候，这应该是新时期老龄化社会的一种社会福利，是社会文明发展的体现。农村老年教育课程体系应该从供给和需求两个角度来思考，首先，从服务供给方而言，要推出适合农村老人特点和爱好的课程，例如保健按摩、地方戏曲、科学育儿、婆媳相处妙招等等，提高课程的质量，调动老年人的积极性，并通过树立优秀学习典范带动大家参与进来，可设立课堂积分制度，积分达到一定数额可以兑换小礼品，通过丰富多彩的活动提高老年人参与的热情，提高课程的普及率。其次，从需求方的角度而言，不同年龄段、不同性别、不同文化程度的老年人有不同的需求，老年人的家属或子女应该在日常生活中向老人多渗透新鲜事物、给予学习方面的支持和鼓励。农村教育的发展重在落实，老年人的思想意识提升不仅有利于提升自身老年生活的品质，还有利于儿童身心的发育，因为农村里有一些留守儿童，他们大多数与老年人生活在一起，受老年人言行和思想的影响极为深远，老年人的幸福是这个社会进步的重要体现。农村老年教育是开发和利用老年人力资源的现实途径之一，是系统的、复杂的教育工程。在乡村振兴战略背景下，要推进这项工程的实现，需要充分发挥教育机构、教育部门、政府机构多方面协调配合，还有很多工作要做，包括教育保障机制、老年大学配套机制、制度及管理体制、群众宣传等方面。充分利用现有教育资源，动员社会各方力量广泛参与到老年教育领域中来，强化沟通协调机制，方便农村老年群体联络情感、互通信息，加大老年教育的成功范例的宣传和影响，借着"互联网＋教育"的东风，形成村、乡（镇）、县（区）三级政府组织各司其职、教育部门通力协作的局面，让河北农村老年群体享受教育发展的新成果，使农村老年群体的幸福感与获得感不断提升。

## 七、建立"三农"服务人员与农户的利益共同体，构建服务"三农"的长效机制

鼓励"三农"服务人员，尤其是科技工作者，与农户或服务需求企业形成利益共享体制，也就是"三农"服务人员与农户之间不再是单一的服务与被服务的关系，而是利益共同体，二者是协作互动，互利共赢的关系。科技人员与农户或农业企业签订合作合同，通过技术入股或投资的方式参与农业生产活动，可以担

任技术指导、招商引资或服务顾问等角色，获得适当的工资或分红，这种模式能够在很大程度上提升科技人员服务下乡的积极性，也弥补了下乡人员激励制度的不足，同时也提高了农户或农业企业经营效果和抵御经营风险的能力。例如，湖北省宜都市的土老憨生态农业集团，成立于 2005 年，发展至今已成为国家重点龙头企业，依托水果、水产，开展产业化经营，先后与十多位"三农"服务人员签订了合作协议，与当地 18 家柑橘种植合作社形成利益共同体，即通过政府引导，牵线搭桥，入股或参与经营柑橘合作社，大力开展生产合作、技术研发和休闲农业旅游项目的开发，"三农"服务人员到期按照协议享受一定的分红，很好地带动了柑橘产业的升级，联结橘农 1.5 万户，经营收入向社员按股份分红，年回报率达到 8% ~ 10%，每年带动周边农户就业 2 000 人以上。这种利益共享机制的构建是建立在双方都有意愿的基础上，即农户和企业确有这方面的需求，而"三农"服务人员也有很强的参与意愿，二者在合作时间、合作内容、预期结果等方面达成一致，方可实施。这种长效机制要因人而异、因地制宜，切不可强行捆绑，强人所难。

## 八、鼓励各商业银行出台更加便利的涉农金融业务

随着优惠政策的相继出台，涉农经营主体的数量在不断增加，所需要的金融服务也越来越迫切。在目前乡村振兴的大背景下，很多项目在开工建设或者准备开工，都需要大量的资金支持。现阶段，各大商业银行都积极地在县、乡、镇增设营业网点，也增加了很多自助银行设备，但是相比较市区而言，网点数量和产品数量都有很大的差距。农业投资项目受自然条件的影响，存在一定的风险，农户一旦发生损失，收入就会大打折扣，所以对于商业银行而言，此类贷款有一定的风险，因此必须建立相应的风险防范机制。同时，依托理财、保险、征信等方式不断更新金融产品，结合农村土地流转试点、农业龙头企业的金融需求，开展抵押贷款业务。主动向农户发放惠农卡，建立小额贷款帮扶制度，将"三农"金融服务与乡村振兴的重大项目结合起来，与当地的特色产业结合起来，扩大服务

项目，提高个性化服务质量。进一步拓宽线上和线下的金融服务通道，增加农户及涉农企业的便利程度。

# 第三节　加强平台建设，让科技人才"留得住"

"三农"人才下基层活动在河北省已经开展了三十多年，取得了一些成绩。但是当提到专家下乡，农民的直观反应是"走过场"，有几个能真正留下来为农民解决不可预见的一些问题？常常是，专家来的时候农民没问题，或者来得突然，农民没有时间整理汇总自己的问题，等农民真正遇到棘手的问题了，却找不到可以获取帮助的专家。如何让专家可以"留下来"？首先是要加强各类对接平台和工作站的建设。例如，广州市花都区赤坭镇科技服务站，就是长期定点设在基层的科技服务机构，机构内部有固定工作人员值守，农民有问题随时可以去求助，有现场专家的话就现场解决，没有现场专家就做好记录，及时反馈给有解决问题能力的科技人员。另外，还有很多地区设置了乡村特派员服务站、乡村振兴学会等平台，都可以起到汇集人才的作用。利用这些平台，即使有时候不是所有的专家都留在了当地，也不影响他们的智力资源在当地发挥作用。

## 一、继续加大农村书屋平台建设，营造科技兴农的沉浸式氛围

高尔基把书比喻为人类进步的阶梯，是人类传播知识的主要途径。在乡村振兴的背景下，营造读书的氛围，提高农村书屋的覆盖区域和质量是实现人才振兴的有效手段，也是乡村数字文化传播的新载体。近年来，政府在这方面的指引和鼓励的政策相继出台，随着网络技术的飞速发展，农村数字化书屋也进入了紧锣密鼓的实施和改造阶段，各地相继进行了农村书屋的数字化转化，截至2022年底，全国有15个省开通了覆盖全省的读书服务平台，包括河北省在内，主要包括读书 App、微信公众号和微信小程序，如图6.1所示，这些方式深受年轻人的喜欢，使用便利，知识更新较快。同时，小程序或 App 会结合读者浏览、收藏

轨迹的数据资源，了解到读者的偏好和需求，可以有针对性地推送相关的资讯，满足了农户的个性化需求。同时还可以通过这种电子化的途径开展远程或者线上培训，扩大受众群体的数量，降低培训的成本。课题组搜集了 10 个电子书屋的微信公众号 2022 年 8—10 月份的推文数量和模块类型，如表 6.2 所示。除此之外，各地都在积极开发新的模式，充分利用农家电子书屋，例如甘肃的农村电子书屋，率先将电商与书屋结合，电子书屋 App 内设"商城"模块，用户可以通过这个模块浏览和购买甘肃的特色农产品，同时，每个商品都有详细的背景介绍，富有很深的文化内涵，不仅为农产品打开销路，同时也体会了当地风土人情和精神文化。这种模式可以拓宽乡村文化传播的路径，扩大乡村文化的影响力，促进乡村产业振兴和文化振兴。同时，将群众的兴趣爱好慢慢引领到书籍上来，也有利于丰富农民群众的精神文化生活，遏制乡村不良风气，提升农民的总体素质。

表 6.2　农家书屋公众号资源

| 序号 | 省区 | 名称 | 类型 | 书屋动态 | 资源推广 | 阅读推广 | 主题活动 | "三农"资讯 | 榜样示范 |
|---|---|---|---|---|---|---|---|---|---|
| 1 | 河北省 | 冀农书屋 | 认证订阅号 | √ | √ | √ | √ | √ | √ |
| 2 | 黑龙江省 | 黑龙江书屋 | 认证订阅号 | √ | √ | √ | √ | √ | × |
| 3 | 江苏省 | 江苏省书屋 | 认证订阅号 | √ | √ | √ | √ | × | × |
| 4 | 安徽省 | 徽乡悦读公众号 | 认证订阅号 | √ | √ | √ | √ | × | √ |
| 5 | 福建省 | 福建省农家书屋 | 认证订阅号 | √ | √ | √ | √ | √ | √ |
| 6 | 山东省 | 山东智能数字农家书屋管理平台 | 认证订阅号 | √ | √ | √ | √ | × | × |
| 7 | 湖南省 | 湖南省农家书屋 | 认证订阅号 | √ | √ | √ | √ | √ | √ |
| 8 | 广西壮族自治区 | 广西数字网络图书馆 | 认证订阅号 | √ | √ | √ | √ | √ | × |
| 9 | 宁夏回族自治区 | 宁夏数字农家图书馆 | 认证订阅号 | √ | √ | √ | √ | √ | × |
| 10 | 陕西省 | 乡村有书屋 | 认证订阅号 | √ | √ | √ | × | √ | × |

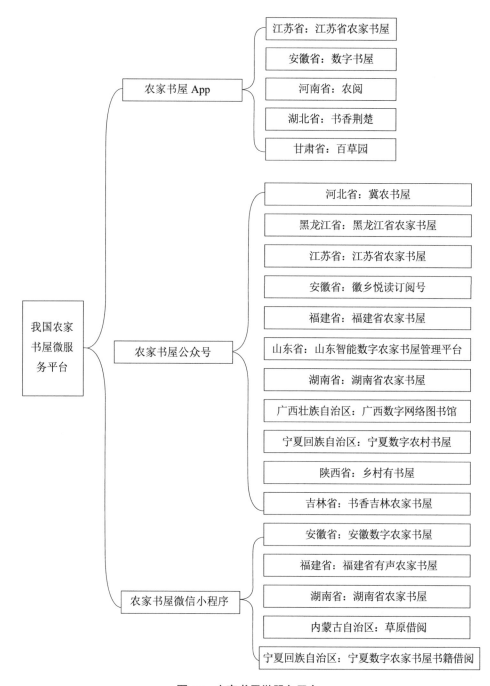

**图 6.1 农家书屋微服务平台**

## 二、搭建智慧"三农"综合管理服务平台

随着地理信息系统（GIS）、互联网、大数据、云计算等新型技术的推广，服务"三农"的渠道也随之有了新的突破口。"三农"智慧服务平台以农业发展、服务农村、增加农民收入为主要目的，利用信息化技术，收集、整理"三农"数据，对相关工作进行信息化改造，实现农业统筹管理、农村精细管理和农民精准服务，从而提高乡村服务的效率，服务于乡村振兴、服务于城乡经济发展，为农业全面升级、农村全面进步和农民全面发展提供新动力。

智慧"三农"综合管理服务平台，主要包括三大组成部分：农业统筹管理子系统、农村精细管理子系统和农民精准服务子系统。农业统筹管理子系统主要是利用智慧"三农"数据资源，采用线上线下相结合的销售模式，依托智能控制等技术，实现农业资源的合理配置、农产品销售的有效对接以及高效的农业应急预警管理。农业资源管理是利用地理信息系统，对农产品的种植、牲畜的养殖、农机设备、农业生产资料以及农业技术等方面实现规模化采集、人工智能的管理。农产品销售体系主要是通过以网络销售为主的模式，构建从种植、深加工、包装、物流到销售的全产业链模式，从而实现农民增收、产业致富的目标。农业应急预警系统主要是对农业全产业链的实时观测，发现问题，及时做好有效的应急预案，避免不必要的农业灾情损失。农村精细管理子系统主要围绕农村环境治理，主要包括道路、空气、绿化等，还包括环境治理监测治理、施工项目的监管等，保障农村治理工作有迹可循，有证可查。农民精准服务子系统主要是围绕农户或农业企业的产品类型、生产周期、种植关键点等实施线上线下的监测和沟通方便，及时提供服务。

## 三、合理运用自媒体平台，做好"三农"优质产品和良好形象的宣传

自媒体时代，很多短视频创作者以"三农"作为创作主题进行视频拍摄，进

而扩大短视频的影响力，吸引粉丝，直播宣传或直播带货。视频通过展现当代农村人们的生活状态，让粉丝了解农村，对农村生活感兴趣，进而可以有效地带动乡村旅游，让更多的人了解农村，喜欢农村，希望来到农村体验生活，对网民乡村情感的引导和塑造起到了推动作用。但是，在当前的自媒体发展过程中也出现了一些具有不良倾向的问题，影响农村、农民的形象，对乡村旅游和农产品销售造成不良的影响。"三农"自媒体主要以农村原始风景、农家日常生活、古法美食制作等作为主要形式，从微观层面上展现了乡村的整体风貌，但总体制作水平良莠不齐。有些创作者主要从满足网友好奇心的角度来吸引流量，专门拍摄一些畸形的生活状态、性感穿着或者利用假场景来满足大众的猎奇心理，缺少正能量，没有展现现有乡村生活中美好的方面。也有一些创作者虽然以乡村生产生活为主体，但是未能挖掘农村的资源特色，吸引力不足，素材枯燥、单一，很难吸引流量，更谈不上流量变现了。乡村的生产生活中有非常多的视频素材，除了农家趣事、日常生活，还有家族传承、非物质文化遗产、古老的传说、红色文化底蕴等等。优秀的自媒体作品需要从平凡的生活中找到独特的视角，发现其中的闪光点和吸引力。"三农"自媒体的发展需要有力的人才支撑，政府或者相关服务人员可以为自媒体人群开展相关的培训课程，聘请一些专家或自媒体大咖手把手指导自媒体人进行视频取材、剪辑、制作和告知有关注意事项，同时在媒体导向上给予良性的引导，使"三农"自媒体人在创作方面更加规范化、系统化，充满正能量，为乡村振兴作贡献。加强"三农"自媒体与本地官方媒体的互动，二者分享素材、交流技术、分享经验，全方位展现乡村风貌，风土人情。"三农"服务人员要通过培训或实际案例来引导自媒体人进行身份的后向延伸，即媒体人转变为乡村旅游产业经营者，一方面制造优质短视频作品，另一方面推出优质的乡村旅游产品，进一步构建线上线下的产业与传播一体化平台；同时，充分利用优秀自媒体引来的网络流量，由政府牵头开展投资项目，将自媒体所营造的乡村氛围展现在现实中，实现变"虚"为"实"，例如，自建农场，吸引城镇消费者参与耕种和收获活动，让粉丝对"三农"短视频的向往转变为切身的体验。又如，江西赣州市全南县刘苏良、胡跃清二人主要以养殖竹鼠为主业，为了分享竹鼠养殖技术，也为了进一步打开竹鼠的销路，所以从 2017 年开始注册了短视频号"华农兄弟"，开始拍摄短视频上传，2018 年 9 月，二人通过策划发起《江湖救急，华农兄弟吃竹鼠的理由不够了》的直播活动，引发网友大讨论"吃竹鼠的一百个理由"，并登上热搜排行榜，获得粉丝无数。通过观看"华农兄弟"的视频《兄弟家的脐橙熟了》《这是兄弟家的野生蜂蜜》等等，越来越多的网友了解了赣南的土特产脐橙、土蜂蜜、香菇、酸枣糕等等。经过长时间的积累，2020 年底"华农兄弟"在 B 站的粉丝量达到了 643.2 万，视频播放量也达到了 11.7 亿次。"三农"自媒体最著名的当属李子柒了，她自 2015 年开始拍摄田园美食主题的短视频，2016 年凭借《兰州牛肉面》开始在网络上走红，发展成为自媒体的顶流，为乡村发展、乡村生活的宣传、农产品的销售以及地方农产品品牌的打响作出了杰出的贡献。

## 第四节　依托项目推动，让科技人才"起作用"

"三农"科技人才助农扶农，不是一句话，也不是一朝一夕的事情，是实打实地去解决问题。服务的具体项目是什么，要解决什么问题，要达到怎么样的预期效果，这是服务的本质。所以服务本身必须以服务项目为依托，开展精准服务、追求实际效果，采取点对点的帮扶，最终解决问题，让"三农"服务人员的辛苦和才智真正起作用。例如，2019 年，安徽省固镇县农业能源推广中心就以农村秸秆回收的项目为依托，展开了研究实验，先后建立了秸秆五料化体系，建成了 100 多个秸秆存储中心，经过两年多的努力，实现了将农田秸秆变废为宝的突破，农民不再为焚烧秸秆而苦恼，政府不再为环境污染而耗资耗力。同时也树立了一批扶农助农的榜样人物，崔普思就是这个项目的主要推动者和实施者，他运用自己的专业知识，不仅使自身的业务有了进步和提高，先后获得了"先进个人""优秀共产党员"等荣誉称号，也给当地的生产经营带来了客观的经济效益和长久的生态效益。高校中也不乏这样的例子，仲恺农业工程学院梁红教授团队、柳建良教授团队在广东省科技厅"田园农业科技专家服务体系建设项目""农业科技特派员精准扶贫乡村产业振兴支撑项目""广东省农村科技特派员"等专项项目的支持下,十年如一日,2018年将"猕猴桃新品种高效栽培技术""鹰嘴桃高产优质栽培技术"等农业新品种、农村先进实用技术成果在河源市进行广泛推广应用,科技人才下乡工作取得明显成效。因此,建议省、市两级科技部门加大农村科技特派员工作推广力度,制定农村科技特派员工作指引,完善相应考核和监督评价机制,建立以任务和需求为导向的新型农村科技特派员制度体系。以农村科技特派员项目为抓手,进一步引导广大科技人才深入一线调研、深度挖掘需求,发现并解决制约农业农村发展的科技问题和生产实践问题,助力乡村振兴发展。结合现在农业发展的主要趋势,河北省的乡村服务主要从以下七方面来展开。

## 一、尝试开展和精准推广智慧农业

全球农业发展的显著趋势之一就是发展集约化的智慧农业体系,如图6.2所示。这一体系可以大大解放生产力、促进农业快速转型升级。自2017年以来,在中央一号文件中多次提到发展智慧农业的主题。所以,发展智慧农业是我国未来农业发展的新业态,也是实现乡村科技振兴的宏伟蓝图的重要组成部分。智慧农业是将大数据、互联网、云计算、人工智能、物联网等现代信息技术与农业产业领域各模块深度融合,实现农业信息感知、定量决策、智能控制、精准投入、个性化服务的全新的农业生产方式,是农业信息化发展的高阶模式,如图6.3所示。

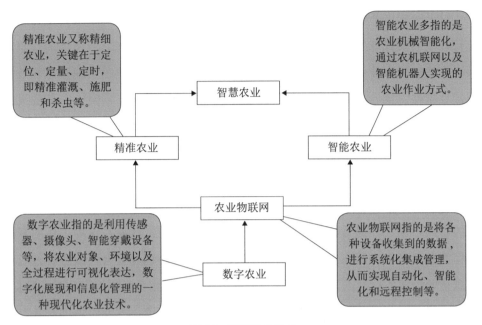

图 6.2 智慧农业体系

图 6.3 智慧农业数字化服务器

对于河北这个农业大省而言，智慧农业才刚刚崭露头角，未来要走的路还很长，我们要找准努力方向，制订具体目标，争取早日实现农业领域的智慧升级。构建智慧农业体系首先要完善的农业信息基础设施，这是实现智慧农业的基础性条件。第一，要保障农村通宽带，提高网络的效率。同时，必备的设施还有智能传感器，这是智慧农业信息系统的设备保障。目前市面上的各类传感器质量参差不齐，价格不等，什么样的传感器农村能用得上？能用得起？能方便操作？这是科研部门要着力解决的问题。在农村的信息化设施建设的过程中，政府承担主导工作，利用财政补贴或专项资金，协调各方、统筹规划，实现有效的布局。第二，提升相关部门信息资源收集的能力。政府在这项工作的开展过程中是主导者，所在地农业先进企业给予必要的协调和配合，联合制定农业信息初始数据的标准，建立数据资源分享机制，鼓励相关机构保存和记录数据。同时，提供 App、网站、公众号等便捷的信息传送渠道，方便信息供给者上传数据，也方便信息需求者下载数据，久而久之，形成信息共享的习惯和氛围，进而节约成本，缩小信息差。第三，政府要做好智慧农业的顶层设计，制定相关的作业标准，同时加强智慧农业人才团队的建设培养。良好的顶层设计，需要具有战略性和前瞻性，同时要有极强的导向性作用，具体的举措要兼顾产业发展特点和使用者特点，做好农业信息服务的硬件设施建设，不断完善其实施的软环境。另外，高校要将培养复合型农业人才作为办学的主要目标，智慧农业信息服务是集农业管理、设施农业、人工智能、大数据处理等多门学科相互交叉的学科，这要求教育部门要有前瞻性，做好农业复合型人才的规划和培养方案的设定，在课程设置上也要立足"三农"发展需要，在就业上加强指导，鼓励人才到最需要的一线工作，或者建立一线轮岗制度，保证农业生产一线如有困难，可以第一时间得到响应。

## 二、注重环境友好型农业的可持续发展

纵观人类发展的历史进步，都伴随着农业的发展进步。近代以来，农业现代

化技术的广泛应用，大大提高了农业种植和农产品加工的效率。但是，伴随着农业现代化技术的快速发展，一些负面的效应也已经显现出来，最突出的就是对环境的破坏。主要表现为农村耕地减少、土地沙漠化、生物多样性的破坏、生态系统的不平衡、土壤退化、农产品污染等问题。"环境友好"是在巴西里约热内卢举办的联合国环境与发展会议中第一次提出的环境治理理念，现在这一理念延伸到了各个领域，包括农业技术创新领域。实现"双碳"目标，各国在建设"环境友好型"农业方面都极为重视，都在从技术、管理、制度等方面出台相关的技术标准和要求。我国目前在农业资源保护方面面临着严峻的考验，水土流失、土壤污染、耕地占用的现象很严重，一些农户环保意识很低，为了经济利益，使用违禁农药和化学用品，致使农产品农药残留严重超标，在畜牧养殖过程中滥用药物，还有对农业废弃物的不妥处理等增加了环境保护的困难。同时，我国是全球化肥用量最多、施用强度最大的国家之一，2001 年化肥施用量为 4 253.8 万吨，到 2010 年增加到 5 561.7 万吨，10 年间增加了 30%。这些方面的不利影响，在很大程度上降低了农业可持续发展的后劲。因此，近年来各级政府机构及科研单位着力加大对绿色农业、循环农业、生态农业、有机农业等友好型农业模式的投入。其中，循环农业成为近几年农业发展的热点之一，即运用物质循环再生原理和物质多层次利用技术，实现较少废弃物的生产和提高资源利用效率的农业生产方式。常见的形式有：畜禽养殖产生的粪污、垫料等养殖废弃物，含有丰富的农作物所需的营养物质，施用于农田、园林等地，不仅可以改善土壤结构，而且有助于提升耕地生产力，减少化肥的施用，进而减少土壤污染，做到种植养殖双促进、降本增效共发展，保护环境的同时，提高农业循环经济的效益。"移动大棚生态养鸡"就是一种常见的循环养殖业的形式，即在菜地里使用移动大棚来养殖禽类，这是一种新型的养殖模式，与蔬菜大棚不同，养殖大棚的前后是用铁丝网封住的，方便饲养员实时观察鸡的动态。大棚可移动，扩大了鸡的活动区域，减少了禽类病毒传播的风险，同时，鸡的粪便可以滋养土地，有利于改善土壤结构，大棚会定期移动，不需要处理禽类粪便，然后根据农时节令在原土地上进行农作物种植，无须再过量施肥。也有一些区域实行"鸡—菜—稻"轮作。这种生态循环模式，一是可以节省土地资源；二是降低运行成本；三是有利于鸡病防治和疫情控制；四是有利于提高鸡肉的品质；五是能有效增加土地肥力，减少环境污染，有效实现循环经济，多产业互利互惠。这种模式方便开展实施，目前很多地区已有农户采用了这种友好型农业发展模式。

## 三、发展农业服务贸易，提升农业领域的国际竞争力

2023 年 9 月，中国国际服务贸易交易会在北京胜利闭幕，我国是全球第二大服务贸易国，也是第二大农产品贸易国。农业服务贸易即农业服务的进出口活动，即"农业服务 + 贸易"模式。农业服务主要包括各类农业生产物资、装备，也包括农业技术、操作规范、涉农类知识产权等，农业服务贸易可以在一定程度上拉动农业产业，开辟全新的发展路径。改革开放以来，我国服务贸易发展迅猛，农业服务贸易也可以借着这个机遇逐步打开国际市场，当然我国农业服务技术水平与发达国家（欧盟国家、美国、日本）相比还有很大的差距，但是跟广大发展中国家相比，还是有一定的比较优势的，所以，我们农业服务贸易的主要对象是一些发展中国家。例如，袁隆平农业高科技股份有限公司是一家为国外提供农业技术的服务贸易企业，为受援国家发展当地的农业生产，保障粮食安全。随着海外业务的逐步拓展，现已建成了在菲律宾、印度、巴西等国家的研发中心，开展当地化的粮食育种研究工作，种植技术培训，为客户提供全流程的涉农问题解决方案。通过频繁的农业服务贸易，增加我国农业产品和技术的国际知名度，进而可以带动农业设施、农资产品、农机设备的出口，再加上跨境电商的迅猛发展，无疑为农业服务贸易的发展提供了便捷的交易路径。但是，国际贸易规则复杂多变，我国农业服务贸易可能会面临着更严苛的准入标准和贸易规则，这是我们面临的挑战，一直以来我们都是以开放、包容、审慎的心态来迎接一次次的挑战，这对于国家安全和粮食安全具有深远的意义。

## 四、适度发展高端化、精致化农产品项目

随着耕地面积的减少,农业生产的成本和技术含量不断增加,农产品渐渐出现了一些高端品牌和私人订制类产品。近些年来,一些商界大佬或演艺圈的名人纷纷投资农业,推出了一些高端产品。例如,2015 年,位于黑龙江五常市的私人订制种植的"起浪有机鸭田稻",创始人班大胜瞄准北京市场,实施"会员订制式",目前已远销到新疆、西藏和港澳台地区。"起浪鸭田稻"建立了同行不可匹敌的优势,选取优质的稻种,全程采用古法种植,驱虫灭虫不用任何农药,均采用物理手段驱虫,稻田灌溉均引用龙凤湖的水源,全程无污染,保证有机绿色生态种植。种植的成本高,但是产品质量也得到了高端客户的认可,树立了高端农产品品牌。上海的哈玛匠也推出了比较成功的高端农业产品,通过严格的品质分层,一个最高品质的桃子可以卖到 88 元,最佳品质的西瓜可以卖到 120 元一颗。农产品走高端路线可以有效地提升农业产业员工的收入水平,不断推动产品的提档升级。另外,这种高端化的理念也可以拓展到乡村旅游和民宿服务上来,提供订制化、精致化的服务,专门针对高端客户或有特殊需求的客户,在业内创设高端品牌。这是农业现代化发展的一种有效的形势。例如,位于云南省师宗县彩云镇的高端蓝莓种植基地,是由联想佳沃集团投资兴办的现代化种植园,始建于 2016 年 12 月,是一家集蓝莓的试验、育苗、栽培、生态旅游及仓储运输于一体的农业龙头企业。该企业充分利用佳沃的品牌效应和营销优势,打造了国内蓝莓的领先品牌。类似的项目还有南京江宁台创园和乌鲁木齐的植物工厂。高端农业已经成为农业发展的新风口,将会成为农业现代化之路的引领。高端农业项目通常投资大、回报期长,同时还需要创业者和经营者的能力和财力的保证,同时还存在着很大的失败的风险。

## 五、加大都市农业的支持和服务力度

最早的都市农业的原型是欧洲的市民农园,起源于 20 世纪初期。发展至今,

都市农业已成为现代化大都市发展必不可少的基础设施之一。它不仅可以满足都市人口聚集区的食品消费需求，还承载着保护生态、文化传承等重要功能，一般这些区域农业经营规模、服务系统、设施配套都比较完备。纵观世界，国际大都市的周边都有成熟的都市农业区。伦敦都市农业是城市周边的绿带，不仅充分利用了城市边缘的小地块，而且也为市民提供了安全、健康的食品；纽约的都市农业大力发展水栽法绿室和垂直立体温室，吸引周边市民观光游览、休闲采摘；东京都市农业大力发展设施农业，采用了"高楼天地"和"地下农场"的方式，使农产品附加值大大提高。我国的城郊农业在 20 世纪 90 年代初期开始兴起，随着城镇化、信息化的不断推进，城郊农业逐渐显现出其经济功能之外的社会功能、生态功能等其他功能。表 6.3 是由上海财经大学"三农"研究院在 2017 年对中国现代都市农业竞争力指数的调查表，排名第 1 的是上海、排在第 31 位的是拉萨，河北省会石家庄城郊农业的竞争力综合指数是 72.440，排名第 19 位，处于中档水平，各地竞争力综合指数的平均值是 75.221。从表中可以看出，长三角、京津冀、华中城市都市农业竞争力综合指数较高，位于西北、西南地区的城市较低。河北省各城市的都市农业发展水平总体上位于中后部，竞争力综合指数最高的是唐山 73.135，在全国总排名为 147 位，最低的是衡水 62.238，在全国总排名为 302 位，如表 6.4 所示。

表 6.3　中国主要省会城市都市农业竞争力综合指数

| 城市 | 竞争力综合指数 | 排名 | 城市 | 竞争力综合指数 | 排名 |
|---|---|---|---|---|---|
| 上海 | 91.620 | 1 | 海口 | 72.868 | 17 |
| 北京 | 89.131 | 2 | 西安 | 72.664 | 18 |
| 广州 | 86.843 | 3 | 石家庄 | 72.440 | 19 |
| 天津 | 86.256 | 4 | 昆明 | 72.196 | 20 |
| 南京 | 85.385 | 5 | 合肥 | 72.144 | 21 |
| 杭州 | 85.146 | 6 | 长春 | 71.221 | 22 |
| 武汉 | 81.913 | 7 | 太原 | 70.951 | 23 |
| 成都 | 80.590 | 8 | 乌鲁木齐 | 69.593 | 24 |
| 重庆 | 78.580 | 9 | 贵阳 | 69.201 | 25 |
| 郑州 | 76.105 | 10 | 西宁 | 68.301 | 26 |

（续表）

| 城市 | 竞争力综合指数 | 排名 | 城市 | 竞争力综合指数 | 排名 |
|------|----------------|------|------|----------------|------|
| 福州 | 75.507 | 11 | 银川 | 67.999 | 27 |
| 沈阳 | 74.882 | 12 | 长沙 | 67.644 | 28 |
| 哈尔滨 | 74.486 | 13 | 兰州 | 67.324 | 29 |
| 济南 | 73.679 | 14 | 南宁 | 66.557 | 30 |
| 南昌 | 73.340 | 15 | 拉萨 | 64.412 | 31 |
| 呼和浩特 | 72.873 | 16 | 平均值 | 75.221 | —— |

表 6.4 河北省各市都市农业竞争力排名

| 城市 | 竞争力综合指数 | 国内排名 | 省内排名 |
|------|----------------|----------|----------|
| 唐山 | 73.135 | 147 | 1 |
| 石家庄 | 72.440 | 162 | 2 |
| 邯郸 | 69.503 | 228 | 3 |
| 沧州 | 69.213 | 234 | 4 |
| 廊坊 | 67.652 | 258 | 5 |
| 保定 | 67.633 | 259 | 6 |
| 秦皇岛 | 66.517 | 275 | 7 |
| 邢台 | 64.807 | 291 | 8 |
| 承德 | 63.678 | 295 | 9 |
| 张家口 | 63.495 | 298 | 10 |
| 衡水 | 62.238 | 302 | 11 |

当前，河北省都市农业已形成了基本的产业体系，农业科技现代化程度也在持续提高，农产品的质量、数量可以满足所在城市的需求，但是优势农产品不突出、尚未形成集聚发展力量。农业科技的支撑力度还需进一步加强，农业信息化水平还处于起步阶段，农业机械化的实施范围还需进一步扩大。农业多种功能开发取得明显成效，农业的经济功能、生态功能和服务功能不断完善。世界都市农业发展的实践证明，要发展高质量的都市农业，就必须加大农业的科技含量，提高农业的效益，提高农业发展的档次和品位，创设农业品牌。但是，现状是都市农业仍然存在大量的高投入、低效益的粗放经营模式。具体表现在：第一，河北高端农业产业开发严重不足，高端市场需求未激活，农业效益和竞争力不足。第

二，农业标准化体系尚未建立、农产品品牌化刚刚起步，农产品质量监管还存在很大的漏洞，品牌产品和产业的深度开发不够，农产品加工品牌的知名度和市场份额均较低。第三，新技术和新的研究成果的应用时效差，农业科技成果的推广应用制度和资金投入存在实施不畅的现象，创新平台的资源整合性不高，缺少强劲的龙头企业的带动。第四，河北省内城市圈农业生产的协同性较差，农业的对外交流活动少，向周边地区的辐射性不明显，区域影响力不足。所以，大力发展都市农业也是各机构服务"三农"的主要方向之一，不断推出符合当地实际的特色农产品品牌，利用都市的辐射效应开拓国内、国际两个市场，充分利用城市资源，扩大农业品牌的影响力，利用城市比较成熟的交流平台实现实时信息的交互，实现城乡协调发展，共同繁荣。

## 六、尝试发展创立农业总部经济模式

国内外农业企业或农业产业相关企业的总部在某一区域相对集聚，这些企业所产生的社会经济活动的总称即为总部经济。农业总部经济不是简单地建立农业总部大厦，更不是简单的农业企业集聚，而是优化农业产业链中生产资料、科技、市场、信息等各种要素的有机组合，而且是以人为核心的经济模式。总部经济模式由总部＋基地两大部分构成，其中总部一般坐落于城市，因为城市拥有交通便利、人才聚集、信息发达等方面的优势，生产基地主要建在具有资源优势的城郊地区，基地从事具体的、专业化的生产活动，总部则为生产性活动提供指导和服务工作，工作内容涉及产品设计、营销、金融服务、品牌管理、物流等方面。基地和总部之间既相互独立，又协调一致。这种模式提高了农业产业链各环节的专业化水平，也可以提高劳动生产率。总部经济模式通过建立总部与各分散的基地之间的有效链接，实现了城乡资源与市场需求的有效对接，也有利于加快河北省城乡一体化的进程。

农业总部经济的特征主要表现在以下几个方面：

第一，总部和基地空间的分离性。总部一般要设在交通、信息、人才都比较发达的都市核心地区，基地一般设在农村或城郊，这种空间上的分离，既尊重了发展规律，又规避了城乡二元结构下的各种弊端。第二，总部和基地的内在联系性。总部是指挥中心，基地是执行单位，总部为基地产品提供营销、品牌、物流等方面的专业服务和指导，基地是总部研发的试验基地和技术推广基地。第三，总部经济经营具有规模性。建设总部经济模式最基本的条件就是要具备规模效应，只有具有一定的经营规模，才能集中化管理、提高专业分工的精细化，进而降低成本。没有规模效应的总部经济是无法生存的。第四，总部经济要具有产业的延展性。这是这种经济模式的优势所在，它在综合利用城市的技术、人才、信息等优势，进一步延展农业产业至相关领域，常见的有旅游业、物流业、金融业、人力资源培训等领域。第五，总部经济具有区域辐射性。由于总部和基地在地域上处于分离状态，一边连着城市，一边连着农村，所以其辐射的区域比较广，如果发展成功必然会带动周边产业的发展，进一步地促进规模效应的扩大。第六，总部经济具有经营共赢性的特征。总部和基地之间是松散的关系，二者得以维系的主要原因是恰当的利益共享，二者互利共赢。

总部经济模式在山东省有成功经验可以借鉴，典型的是山东寿光的蔬菜农业总部经济。目前，寿光农业总部已在全国各地建立了蔬菜基地，遍布北京、江苏、天津、青海、宁夏、内蒙古等地区，总数高达几十万亩。寿光利用其 20 多年的经验积累，在蔬菜种植和管理方面已形成了不可比拟的优势，同时还创设了一些知名的农产品品牌，例如，寿光的"七彩庄园"农产品品牌，其作为礼品菜品牌在国内属于首创，业内认可度较高。三元朱村的"乐义"果菜品牌也享有盛名，该商标取自当地村支书、蔬菜种植大王王乐义的名字，于 2001 年开始使用，2009 年在农业部门的协助下加入了蔬菜安全二维码追溯系统，也是国内最早生产"可追溯制蔬菜"的单位，是典型的"公司连基地，基地带农户"的总部经济发展模式。基地蔬菜种植统一规划、规范化管理、合同制收购、线上线下统一销售，这种模式在三元朱村周边形成了明显的带动效应，很多村子争先加入，种植面积达到 1万多亩，同时依托高科技发展有机蔬菜，生态型和无土栽培蔬菜近 2 000 亩，产品远销到俄罗斯、日本等地，品质均达到了 A 级标准以上。同时，三元朱村充分发挥总部经济产业延展性的特征，大力发展农业技术培训，开设了培训学校，开设了蔬菜园艺、果树栽培等专业培训科目。另外，寿光蔬菜总部的农业设计产业也享誉全国，先后为北京顺义"三高"农业观光园、深圳农业观光园等单位进行园区布局等设计工作，这也成为寿光总部蔬菜园艺发展的新的增长点。

## 七、充分鼓励创意农业的发展

传统农业发展给人的印象都是"辛苦""沉重""面朝黄土背朝天""土里刨食"，这种认知几乎不可能吸引年轻人才加入务农的队伍，如何让农业生产变得"有趣"，这将会成为农业产业发展的一个新的突破口，也是"三农"服务人员服务的方向之一。创意农业是在 20 世纪 90 年代后期提出的，是指将农业生产有机地融入人文要素和科技要素，在更大的范围内整合资源，进一步延伸农业的社会化功能，将农业生产发展为集生活、生态、游戏、历史人文于一体的现代化农业模式。河北省近年来也发展了多种形式的创意农业，但是总体而言还存在一些发展瓶颈和现实问题，需要专业人员集思广益，也要充分挖掘群众中的创意亮点，同时也要多学习其他地区的先进的经验。近年来，江苏省创意农业发展迅猛，规模不断扩大，值得我们学习和借鉴。发展创意农业的主要形式有主题创意农园、农耕实践基地、康美基地等等。江苏省农业厅统计显示在 2017 年到 2021 年四年的时间，共有 500 家主题创意农业园区，分布地区如图 6.4 所示。

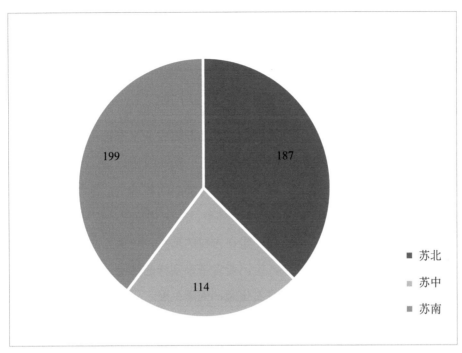

199

187

114

■ 苏北

■ 苏中

■ 苏南

图 6.4 苏中、苏南、苏北地区主题创意农园数量统计图

从江苏省地级市的创意农业分布数量来看，比较发达的城市是苏州市、南京市、盐城市，镇江市、淮安市相对发展比较滞后，如表 6.5 所示。

表 6.5 2017—2021 年江苏省各地区主题创意农园数量一览表

| 地区 | 2017 | 2018 | 2019 | 2020 | 2021 | 合计 |
|---|---|---|---|---|---|---|
| 南京 | 11 | 9 | 11 | 7 | 10 | 48 |
| 无锡 | 6 | 8 | 7 | 7 | 9 | 37 |
| 徐州 | 8 | 4 | 7 | 7 | 6 | 32 |
| 常州 | 7 | 4 | 10 | 8 | 7 | 36 |
| 苏州 | 10 | 12 | 10 | 11 | 9 | 52 |
| 南通 | 6 | 9 | 8 | 7 | 7 | 37 |
| 连云港 | 6 | 11 | 8 | 8 | 6 | 39 |
| 淮安 | 7 | 2 | 7 | 8 | 7 | 31 |
| 盐城 | 9 | 10 | 9 | 9 | 9 | 46 |
| 扬州 | 9 | 6 | 9 | 8 | 8 | 40 |
| 镇江 | 5 | 5 | 4 | 5 | 7 | 26 |

（续表）

| 地区 | 2017 | 2018 | 2019 | 2020 | 2021 | 合计 |
|------|------|------|------|------|------|------|
| 泰州 | 10 | 5 | 6 | 8 | 8 | 37 |
| 宿迁 | 7 | 7 | 11 | 7 | 7 | 39 |

创意农业的发展模式主要有以下几种类型：

第一，文化型创意农业。文化型创意农业即将农业生产与相关的民俗文化、农耕习俗、饮食文化等相融合，营造浓厚的人文历史氛围。这一类型的创意农业主要是向消费者宣传传统文化，吸引城市人来体验农村的生活氛围。具体形式有举办民俗文化活动、组织乡土文化游览、体验民族文化特色、参观特色民居等等。千华古村是镇江著名的仿明清古村，走在古村的街头，仿佛置身于 300 多年前的康乾盛世，给人一种穿越的感觉，给消费者带来别样的体验。在农耕文化方面比较有优势的是常州溧阳的吴楚农耕文化园，为学生展示了历史书中说到的农具、生活用品，再现了祖先耕作和生活的场景。

第二，服务型创意农业。服务型创意农业是最常见的一种形式，具体形式包括特色度假村、休闲农庄、新村风貌游等等。最具有代表性的当属闻名国内外的华西村，有"天下第一村"的美称，该村将农业发展与旅游业有机结合，走出了一条现代化农村的成功之路。

第三，教育型创意农业。教育型创意农业就是通过科普、展览等多种活动发挥农业活动的教育功能，向消费者宣传农业科技知识、历史知识、环保知识等。常见的形式有博览园、少儿农业教育基地、农业科技教育庄园等等。还有一些地方创设了以红色教育为主题的营地或展馆，让孩子们在游览的过程中体会现在优质生活的来之不易。

第四，生态型创意农业。这种类型主要依托自然因素和自然资源。主要形式有自然保护区、湿地公园、地质公园等等。苏州在这方面具有得天独厚的优势，常熟的虞山国家森林公园是一个典型的代表，既保护了生态的平衡，又可以吸引游客游览，同时给当地农业发展带来了契机。

## 八、强化乡村数字赋能机制，驱动乡村全面振兴

"赋能"（empowerment）一词最早起源起于西方管理心理学和人力资源管理学领域。在《韦氏大学词典》中，"赋能"即授予某人（某物）履行某种行为或职责的权力、权利或权威。20世纪80年代后，"赋能理论"开始在组织管理学、心理学、社会学、经济学等领域中应用。那么如何运用大数据、网络为乡村经济赋能呢？首先从赋能机理（如图6.5所示）来看，主要理清这三个问题：谁来赋能？怎么赋能？为谁赋能？"谁来赋能？"即赋能主体是谁，乡村数字体系的建设必然是政府牵头，基层党组织是核心主体，基层政府主要负责过程运作，市场组织是各种资源配置的主体，同时还需要第三部门作为协同主体参与其中。"为谁赋能？"即赋能的客体是谁，包含两种情况：一是"它赋"，即为应用场景赋能，主要包括经济活动、生态保护、文化、民生、乡村治理等方面；二是"自赋"，主要是为基层党政组织、市场组织、第三部门及农民等主体赋能，以增强多元主体的数字潜能。"如何赋能？"即赋能手段有哪些。赋能主体可以从多角度对乡村实施赋能，包含政策赋能、数据赋能、新媒体赋能、网络赋能等等。"赋能之后效果如何？"即赋能效应分析，一般我们会从微观、中观、宏观三个层面来看具体产生了哪些影响，这些影响大多数是有利的，但也会不可避免地出现一些负面的效应。微观层面主要看对于农民自身而言，运用数字、分析数字的素养是否提高，经济生产生活是否因此获利。中观层面主要看城乡之间数字治理的差距是否在缩小。宏观层面主要看是否促进了乡村数字经济的转型与发展，是否在更大的范围内使得资源得到充分利用，如图6.5所示。

第一，建立数字乡村领导机制。领导机制主要设在省、市、县，实施三级统筹规划，明确不同层级的工作职责和权限。实施省级范围统筹规划，可以更有效地利用资源，降低共享资源的成本，同时各地农业农村局、发改委、网信办、乡村振兴局等职能部门协同配合，实现共享数据，结合近期工作任务制定关键行动计划。同时，在县域层面强调县级领导的主体责任，着力解决在规划实施层面遇到的现实问题、重点难点问题。

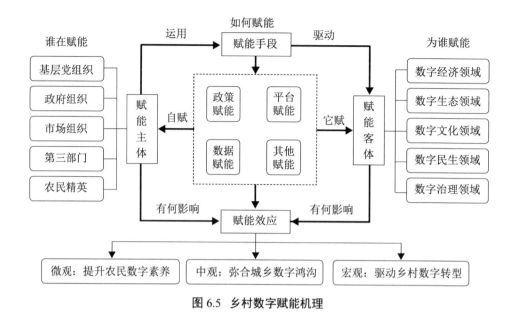

**图 6.5 乡村数字赋能机理**

第二，构建"一核多元"的协同治理体系。"一核"指的是党组织的核心领导地位，为数字乡村治理把握大方向和总体规划。"多元"，即建立多部门联合的协同机制，包括各级政府部门、产业行业联合会、涉农企业、高校及相关研究机构，分别在资金、政策、智力支持方面给予推进和配合。

第三，推进乡村"数字设施"的建设和修缮。要重点加大农村宽带、物联网、移动互联网、云计算中心的设施建设；在数字农业设施上，要注重农业机械化装备、农业科技创新中心、卫星天基等核心硬件的建设，提升智慧农业终端设施的匹配能力；在常规基础设施建设上，循序渐进地实现气象、交通、水利等基础设施的升级匹配，引导农民生产生活中运用数字信息，提高科学预测的能力。同时，开发符合"三农"发展需求的"共享数据平台"和"应用软件平台"。例如，开发农业大数据中心平台，促进农业数据共享；可通过模块化、标准化的"三农"应用平台的研发，支持涉农服务实现可视化与便捷化；可通过助农服务大数据平台的设计，统筹生产、销售、仓储、配送、溯源，实现农业的可持续发展。总之，在"数字设施"和"共享平台"的共同作用下，给农村经济发展带来质的飞跃。

# 第七章 "三农"人才服务基层优秀案例

## 第一节 高校服务"三农"优秀案例

### 一、西北农林科技大学"农业专家大院"模式

西北农林科技大学,位于陕西杨凌,其前身是西北农林专科学校。学校自建校以来,本着"顶天""立地"的工作方针,以国际科技前沿为方向,以满足国家战略需求或区域发展需求为目标,积极开展与农业经营相结合的技术研究和应用技术推广。学校在长期办学过程中形成了贴近"三农"、服务社会的优良传统。农业专家大院模式是西北农林科技大学长期实施的一种有效的科技服务模式。这种模式是由当地政府"搭戏台",由农业专家"唱主角",不断优化农业生产体制,调整现代化农业农产品经营模式,促进农业增产、农民增收。整个服务过程以农产品市场化运作为核心,精细化过程管理,全程提供贴身服务,把在实验室得出的先进的科研成果和技术直接应用到农业生产实践中。这个模式的运行由农业科技专家、当地政府相关部门、农产品企业或农业协会、农户四个主体部分构成,每部分各司其职,农业科技专家负责农业技术开发,政府相关部门作为服务人员主要负责将农户需要的技术推广开来,包括对新技术的宣传、培训等事务。同时,政府部门需要从技术供需双方利益出发,出台管理办法和政策法规。农业专家大院的核心职责是负责在服务过程中的矛盾、利益分配等关系的协调,技术的试验,相关软件的开发和调试等工作。一般专家大院直接设在农村的田间地头,直接与农户的需求对接,识别度高,农民方便找到,截至2022年已经建成30多家农业专家大院。这种服务模式实施过程中,大院和农业科技专家之间相互依赖,

使服务团体的凝聚力和竞争力都大幅度提升，同时这种服务模式采用横向管理，突破了体制的壁垒，使得农业资源在更大的范围内实现更加有效的利用，将高校科研与实践运用相结合，加快了科技成果转化，实现了有效的需求对接。因此，这种农业科技服务模式也得到了国家科技部的高度认可，并作为范例在其他地区开始大力度推广。农业科技专家大院是"利益共享，风险共担"的经济利益共同体，具有可持续发展性。它集科技专家、农业协会、经济实体、农业试验示范于一体，形成了"专家＋项目＋基地＋农户"的运作模式。

专家大院一般施行属地管理原则，投资渠道多元化，政府投资、民间投资、社会捐助均可。大院的运营一般由第三方机构负责，具有独立的法人资格。农业专家、涉农企业和农民可以积极参加入股，入股的形式可以是资金、也可以是技术入股或者研究成果入股。这种方式便于三方结为利益共同体，形成可持续性的合作模式。属地科技局每年会组织一次专家大院的申请和认定工作，条件要求明确：（1）具有独立的法人资格；（2）具有良好的专家团队；（3）具有较强的技术创新能力，项目开展主要依托当地特色产业；（4）具有开展研究试验的必要的硬件设施；（5）具有总体规划、实施方案和必要的规章制度；（6）专家大院建设方案报送科技局备案，建成并正常运行一年以上。专家大院经认定后，每年科技局会组织相关人员进行不定期的工作检查和长期的监督，每年对大院进行经营绩效的考核认定。考核的主要维度包括服务条件、服务能力、服务机制、服务成效、对外宣传等方面。


## 二、河北农业大学太行山农业创新驿站

河北农业大学创建于 1902 年，是我国最早实施高等农业教育的院校之一，是河北省建立最早的高等院校之一，先后经历了直隶农务学堂、直隶高等农业学堂、直隶公立农业专门学校、河北省立农学院、河北农学院、河北农业大学等历史时期。学校在保定市、沧州市、秦皇岛市、定州市四地有五个校区。

1979 年，河北农业大学以承担"河北省太行山区开发研究"项目为契机，开

创了享誉全国的太行山道路。随着时代的发展，学校在巍巍 800 里太行到全省六大生态类型区建立了"教学、科研、生产"三结合基地 300 多个，类型从村级合作社拓展到企业、政府，通过科技扶持产业发展。进入 21 世纪，结合现代农业产业发展、脱贫攻坚、乡村振兴战略，学校持续推进特色鲜明高水平大学建设，秉承"立地顶天"发展理念，在深化拓展太行山道路中，不断提升社会服务的转化度，创建交叉融合、协调发展、同步提高的创新平台，实现科教兴农。

2017 年，经与保定市委、市政府多次协商，河北农业大学创新合作模式，在保定市先试先行，签订"农业科技创新战略合作协议"，按照"465"总体架构：即通过政府、高校、企业、农民"四方联手"，以确定一个主导产业、拿出一笔专项经费、明确一个承接平台、组建一支专家团队、建设一个创新创业基地，培育一批农业人才的"六个一"模式，实现产业链、人才链、学科链、创新链、服务链的"五链合一"。市校携手培树"太行山农业创新驿站"战略品牌，山区突出绿色有机生态，平原突出科技高效，着力建设一批具有保定特色、能够显著发挥示范引领和辐射带动作用的国家级现代农业创新示范样板基地。

截至 2021 年，学校与保定市人民政府分两批共建了五十多个太行山农业创新驿站，涉及保定市的 19 个县（市、区），涵盖果蔬、中药材、养殖等 10 大类 35 个特色农业产业。

**（一）驿站取得的成效**

一是转变服务理念，创新驱动产业。在服务方式上，由生产到服务产业转变，实施学科群集团军作战；在服务内容上，注重一、二、三产业统筹发展，提升服务"三农"的供给力、支撑力、引领力，打造引领乡村振兴的先导性样板。

二是组建专家团队，健全政策保障。出台驿站建设实施专项制度，组建 50 支多学科参与、多领域合作、全方位融合的专家团队。参与教师在职称评聘和岗位考核时减免工作量，激发了积极性、主动性、创造性，为深入推进驿站建设注入了强劲动力。

三是建设示范基地，加速成果转化。驿站紧密结合当地产业现状，制定产业规划，引进新优品种，提供技术支持，将其打造为现代农业科技研发成果转化示范的窗口。依托驿站，草莓、果树盆景、苹果、智慧农业等8个特色农业产业技术创新联盟逐步建立，100多个新技术、新成果、新品种在驿站得到转化推广。

四是利益联结共享，助力脱贫攻坚。保定9个贫困县结合驿站与贫困户利益联结更紧、带动效果更佳，为产业扶贫注入新活力，这也形成一种"授之以渔"的有效的扶贫方式，真正帮贫困户发家致富。

五是强化人才培养，提供智力保障。通过集中培训、现场指导、线上辅导等多元化的手段，培养了一大批技术能手，农民自己的科技队伍正在逐步建立。截至2021年，累计培训农民近万人次，150多名40岁以下的青年教师参与到驿站建设，3 600余名本科生、180余名研究生在驿站开展教学实习、毕业设计，接待国内外同行交流考察400余人次。驿站组织的培训可以实现活学活用、与实践紧密结合，培养了大批农业新人才。

六是发掘产品内涵，打造区域品牌。驿站通过不断发掘产品内涵，推动了品牌建设，有效提升了产品竞争力。"保定苹果"区域公共品牌成功叫响；农业农村部韩长赋部长对"桃木疙瘩"柴鸡蛋赞誉道："革命老区的柴鸡蛋生态自然，不用化妆。"农产品品牌建设是河北省农业发展的弱项，发展品牌不仅可以提高产品的知名度和美誉度，还可以带动乡村旅游资源的开发和建设。

### （二）驿站的特点

太行山农业创新驿站的成功得益于以下四点：一是坚持多点发力，学校提供技术支持，政府强化政策保障，企业推进项目落地，形成强大工作合力。二是坚持互利共赢，创新政府、学校、企业、农民有机结合，做到教师科研有项目、学生实践有基地、企业发展有技术、农民参与有收益，真正形成利益共同体。三是坚持因地制宜，根据当地特色产业，组建团队，做到就地研发、就地转化、就地推广，使科技力量能够下得去、融得进、立得住。四是坚持因势利导，针对不同产业、不同阶段、不同形式，以契约形式将公司、专家和农户有机结合，合理分配各群体利益，推动驿站长远发展。

实践证明，太行山农业创新驿站，走出了一条教育、科技紧密结合乡村振兴战略、助力产业扶贫的创新之路。《焦点访谈》《东方时空》等栏目相继报道；山西、陕西、甘肃等地，按照驿站模式创建"大家小院"，新疆生产建设兵团第三师正依托河北农业大学校建立"昆仑山驿站"；刘永富、韩长赋、王东峰、许勤、赵一德等同志先后考察指导；在2021年7月召开的河北省科技扶贫现场会上，赵一德同志评价驿站是：太行山农业创新驿站，是集聚先进生产要素的大平台，是农业现代科技成果转化的孵化器，是现代职业农民培育的大学校，是农产品品牌培育的催化剂；2019年河北省委一号文件将太行山农业创新驿站作为典型经验全省推广，并以太行山农业创新驿站的建设模式，在省内首批创建了80个河北省农业创新驿站。如今，广泛分布于燕赵大地的农业创新驿站正犹如燎原星火，照亮了当地乡村振兴的美好前景。河北农大动物科技学院的禽业专家——陈辉老师，是保定市涞源县的太行山农业创新驿站的首席专家，基于智能图像识别技术开发了"云养鸡"模式，即养殖户只要打开手机上"桃木疙瘩农场"小程序，就可以随时查看鸡棚内的情况，同时统计散养的鸡是否回笼的情况也可以方便获悉。通过搭建"混搭"技术团队，他们还通过小程序让消费者在线认养属于自己的"太行鸡"。每只被认养的"太行鸡"都佩戴了智能脚环，认养人不仅可以监测到鸡的运动步数，还可以通过扫描脚环上的二维码了解鸡从出生到屠宰的信息数据。这个混搭技术团队在此基础上，深入挖掘消费者个性化需求，又开发出新的识别功能，让定制客户可以从鸡群中快速识别出自己的专属小鸡，观察其位置和长势，"云养鸡"大大增加了消费者体验感。

创新驿站的模式在省内其他高校也有一些成功的典范，例如，河北科技师范学院近年来鼓励科研工作者成立科技创新驿站12个（截至2022年），如表7.1所示，取得了丰硕的成果。

表 7.1 河北科技师范学院科技创新驿站

| 序号 | 基地名称 | 合作企业 |
|---|---|---|
| 1 | 旱黄瓜种植创新驿站 | 昌黎县嘉诚实业集团有限公司 |
| 2 | 肉鸡绿色养殖技术创新驿站 | 河北滦牧农业开发股份有限公司 |
| 3 | 特色水果种植技术创新驿站 | 迁安亚滦湾国际农业研发创新产业有限公司 |
| 4 | 特色水果种植技术创新驿站 | 秦皇岛市丰悦园水果种植专业合作社 |
| 5 | 蜜桃种植技术创新驿站 | 平乡县伊农纳丰农业科技有限公司 |
| 6 | 特色蔬菜种植技术创新驿站 | 滦平县绿康园果蔬专业合作社 |
| 7 | 优鸡特菜技术创新驿站 | 张家口市绿色田园禽业科技有限公司 |
| 8 | 深州蜜桃种植技术创新驿站 | 深州市良桑繁殖场 |
| 9 | 山楂产业种植技术创新驿站 | 承德瑞泰食品有限公司 |
| 10 | 蔬菜种植技术创新驿站 | 平泉市益农科技育苗有限公司 |
| 11 | 优质蛋鸡养殖技术创新驿站 | 秦皇岛市善源养殖有限公司抚宁分公司 |
| 12 | 特色水果种植技术创新驿站 | 河北宝晟农业开发有限公司 |

## 三、河北科技师范学院的"科技小院"服务模式

河北科技师范学院,坐落于海滨城市秦皇岛,成立于1941年,学院设有园艺科技学院、食品科技学院、动物科技学院、农学与生物科技学院、海洋资源与环境学院等20个二级教学单位。有14门省级研究生示范课程,13个省级研究生案例库建设项目,4个省级研究生实践基地,其中2个为省级优秀研究生示范基地,6个河北省科技小院。学校设有75个本科专业,涵盖农、教育、工、理、文、法、经济、管理、艺术等9大学科门类。

学校建有省级技术转移中心和省级科技特派员工作室,是省级科技创新服务提供机构。现有河北省县域特色产业科技特派团1个、省"一县一团"科技特派团5个,省级科技特派员123人,省"三区"科技人员35人,青龙县"银龄专家"计划人员29人。技术支持省级农业科技园区7个,作为首席专家与企业共建河北省农业创新驿站15个、秦皇岛市首批农业专家工作站10个、产学研合作示范基地51个。有3支科技服务团队被授予"河北省高校李保国式科技服务团队"、

1人被授予"河北省李保国式科教扶贫突出贡献者"称号、1人被授予"河北省脱贫攻坚先进个人"、1人被授予"河北省脱贫攻坚奖创新奖"。（数据统计截至2022年12月31日）

"科技小院"是由中国工程院院士、中国农业大学张福锁教授创立的，本着由研究生驻扎农业生产一线，专家、教授提供技术支撑，以其鲜明的零距离、零门槛、零时差、零费用的特色，服务于农户及生产组织，实现作物高产、资源高效，推进农业发展和乡村振兴的新模式。从创立之初的河北省曲周县白寨乡的第一个"科技小院"，到2022年全国的300多个科技小院，十几年的实践探索，证明了"科技小院"内在的不竭动力。

2021年6月，"卢龙甘薯科技小院"正式成立，这是由河北科技师范学院牵头创办的服务组织，该机构设在中薯集团，拥有先进的科研仪器设备和技术检测能力，为秦皇岛卢龙县甘薯产业名片的打造起到了推动作用，科技小院使薯业专家与薯农实现了近距离交流，技术转移与应用零距离，为"三农"提供了及时有效的服务。除了卢龙的甘薯科技小院，河北科技师范学院还有"昌黎黄瓜科技小院""昌黎葡萄科技小院""崇礼长尾鸡科技小院""青龙板栗科技小院""怀来葡萄科技小院"等。科技小院不仅是服务"三农"的组织，也是学院培养学生实践能力的切实可行的途径，鼓励学生在田间地头"读研"，把论文写在大地上，学生和很多教师与农民同吃同住，一起研究，一起实践，在劳动和实践中，找到自己专业的价值和未来的就业方向。同时，科技小院还可以培养学生的深厚的"三农"情怀，锻炼学生务实的科技精神，为学生学成后扎根大地打下坚实的基础。科技小院还是学院科技工作者课题申报的来源，也是研究成果转化的平台，是"三农"产业发展的智囊和"外脑"。随着科技小院在各地的蓬勃发展，农民也逐渐由原来的陌生、疏远的态度转化为"有问题找专家，有需要找小院"的认可的态度。科技小院成立十多年的时间里，为社会输出了大批的优秀科技人才，为乡村振兴发挥了重要的作用。

河北怀来葡萄科技小院是依托怀来县城投农业开发有限公司和河北科技师范学院共同筹建的集科研、技术研发、示范推广于一体的政产学研融合平台。怀来县城投农业开发有限公司成立于 2015 年 7 月，注册资金 5 000 万元，是怀来县城镇化建设投资有限公司下属全资子公司，为国有独资涉农企业。公司业务范围包括：生态农业开发、城镇绿化苗、经济林苗种植、批发、零售；水果、蔬菜、花卉种植、采摘及销售；土地、大棚租赁代理；农业观光服务；旅游开发；葡萄酒销售等。

河北怀来葡萄科技小院立足河北省怀涿盆地葡萄产业发展，以鲜食葡萄、酿酒葡萄品种选育及其配套栽培技术研发、示范推广为主攻方向，以研究生、本科生为生产一线主体，以怀来县城投农业开发有限公司为支撑，同时依托中国农学会葡萄分会、河北省葡萄与葡萄酒学会、河北省葡萄产业技术研究院等平台，以服务合作社、种植大户、农民为目的，积极促进怀涿盆地葡萄产业发展和当地果农科学素质的提升，为实施乡村振兴战略作出贡献。

河北"昌黎黄瓜科技小院"2022 年成立，依托单位为昌黎县嘉诚实业集团有限公司，建设地点在河北省昌黎县新集镇，共建单位为河北省科学技术协会、河北科技师范学院和河北省农村专业技术协会。科技小院采用大学＋地方政府＋农业企业的建设模式，通过教师带队，专业硕士研究生入驻，实现与农业产业、农村和农民的零距离接触，更好地立足区域旱黄瓜特色产业开展农业科研、技术创新与服务，创新人才培养模式。小院建设的目标是立足昌黎县旱黄瓜特色优势产业，开展旱黄瓜新品种引育、优质绿色高效栽培、分级包装与储运、高端品牌打造与销售等覆盖全产业链各环节的技术研发与集成，解决产业中面临的关键技术问题，促进昌黎旱黄瓜产业高质量发展，助力乡村振兴。组织形式是学生入驻小院、充分利用嘉诚公司的硬件条件和已有的农业基础，将其作为教师重大农业项目的科研基地，开展产业科研、技术传播、示范推广。通过公司建立的田间学校培养懂技术、素质高的科技农民。最终实现昌黎县旱黄瓜产业转型升级和效益提高，使教师和学生在服务中创新科技，培养出知农爱农、理实并重的应用型学生人才。

# 第二节 政府部门服务"三农"优秀案例

## 一、河北省农业农村厅组建现代农业产业技术体系创新团队

农业要想实现现代化，就必须使用好农业科技这把利器。河北省非常重视科技创新的研发与推广，不断推出促进乡村振兴和产业发展的新举措，组建现代农业产业技术体系创新团队就是其中一项卓有成效的举措，截至 2022 年，已经组建了 23 个省级现代农业产业技术体系创新团队，这些团队针对新农产品的品种、新的种植技术、新的农机设备、新的农业经营模式不断推陈出新，获得国家级科技奖励 20 余项，取得了显著的成绩，是推动农村产业发展的有力形式。[①]

小麦创新团队是众多技术体系创新团队中的一支，这支团队的首席技术顾问是省内知名的小麦专家、石家庄市农林科学研究院名誉院长郭进考，郭院长和他的团队从河北省种植小麦的条件入手，考虑到灌溉水资源不足的现状，主动调整创新研究方向，经过育种、试验培育出了优良、节水、耐旱的小麦品种 10 个，该品种在不减产的情况下可以减少小麦在生长期灌溉的次数。这一创新研究成果有效地解决了小麦种植户的烦恼。不仅在小麦种植产业，在花生、大豆、杂粮等方面也都取得了不错的创新成果。油料创新团队在其首席专家雷永研究员的带领下培育出了高油酸花生冀农花 7 号、冀农花 6 号等 27 个品种，并在农村大面积推广种植，2021 年全省高油酸花生种植面积达到 180 万亩，普及率近 35%，种植规模全国第一，品质全国领先。大豆创新团队通过多次试验，在张孟臣研究员的带领下育成冀豆 12、冀豆 17、冀豆 30 等 30 多个系列品种，大幅度地提高了大豆种植的产量，提高了农民的收益，提升了农民种植大豆的积极性。

## 二、乡镇政府组建专职乡村振兴队伍，扶农助农

河南省尉氏县岗李乡政府，为了巩固脱贫的成果，快速地实现与乡村振兴的

---

① 数据来源：《中国农报》2023 年 3 月 22 日。

有效衔接，组建了乡村振兴专项工作队伍，由乡党委书记带头，分管乡村振兴的副职和乡村振兴办公室主任参与，形成了乡村振兴责任人和分工小组，要求各帮扶负责人每周都要走访对接的农户，帮助规划农田种植，了解农事活动的进程，发现存在的问题，直接与村干部共商解决对策。同时为对接农户提供资金、技术、信息方面资源的支持。

围绕"一主两优""一村一品一主体"的产业发展架构，岗李乡着力培育壮大特色农业，大力推广香菇和发展小杂果种植，实施支部连产业、产业带贫困户的融合机制，通过种养合作社新型经营主体、扶贫车间、设施农业等带贫主体，打造"一村一品"丰沃之地，促成了以樱桃、草莓、蟠桃、规模蔬菜、反季甜瓜、肉牛养殖等多产业"守根壮脉"循环经济发展体系，培育发展了一大批特色养殖、有机蔬菜、小杂果等扶贫产业发展基地，实现了"村有特色产业、户有增收项目"的产业发展目标。截至 2020 年，全乡共建设特色种养基地 27 个，以土地流转、务工就业、代种代养、跟种跟养、收益分成等多种带贫模式，实现带贫 398 户，人均增收 2 800 多元。

# 第三节　社会力量服务"三农"优秀案例

## 一、"电商＋直播带货"模式打开特色农产品的销路

"酒香还怕巷子深"说的就是好的产品，由于交通的不便利、信息的闭塞，而打不开销路。这种情况会大大影响农民的种植热情和积极性，导致大量人口外流，极不利于农村经济的发展和农民收入的增加。"电商＋直播带货"的模式在一定程度上给特色农产品搭建了与外界相通的桥梁，让外界的注意力转移到这些昔日很难见到的高品质、原生态的农产品。2020 年 6 月，江苏省"苏货直播，E 起小康"的大型网络公益活动是由省委网信办、省农业农村厅、省商务厅、省通信管理局、省扶贫办、新华报业传媒集团、江苏广电总台、新华网江苏公司共同发起的一次网络公益活动。"苏货直播，E 起小康"活动的主要目的在于：一是搭建"三农"资源

聚合平台；二是培训江苏"三农"网红；三是展销江苏农副产品；四是助力江苏"三农"产业加速发展。在该活动的启动仪式上，在当地政府部门的配合下，美丽乡村台创园建起了首个5G"直播间"，实施场景化营销的模式，在直播间的设计上融入了美丽乡村元素的设计。直播首战是在江宁台创园，设置了20多个花卉及农副产品展销区，同时，还邀请了各路明星大咖参与试吃环节，吸引了大量网民围观，为宣传当地的农业特色农产品（兰花、横溪西瓜、土桥大米、小龙虾等）汇集了大量的网络流量，同时带来了可观的订单，产品甚至远销到韩国、日本、美国等地。在直播带货的同期开展农产品直播带货主播培训，通过线上理论和线下实践相结合的培训模式，先后将800多名直播新手培训为"网红"主播，同时组织各地网络主播进行带货擂台赛，进一步提升了网络关注度，对于当地农产品走向更广阔的市场具有可持续推进作用。表7.2是此次公益活动的部分实战效果。

表7.2 网络公益活动数据

| 序号 | 时间 | 地点 | 观看人数 | 点赞量 | 每小时销售额 | 客单价 |
|------|------|------|----------|--------|--------------|--------|
| 1 | 6月19日 | 宿迁 | 146.84万人次 | 100万 | 20万元 | 56.8元 |
| 2 | 6月29日 | 常州 | 246万人次 | 138万 | 30万元 | 270元 |
| 3 | 7月6日 | 镇江 | 86万人次 | 78万 | 12万元 | 52.5元 |
| 4 | 7月9日 | 徐州 | 248万人次 | 121万 | 690万元 | 98.8元 |
| 5 | 7月10日 | 无锡 | 225万人次 | 110万 | 26.35万元 | 122.5元 |
| 6 | 7月11日 | 南通 | 270万人次 | 180万 | 26.9万元 | 98元 |
| 7 | 7月15日 | 连云港 | 50万人次 | 68万 | 1.5万元 | 49元 |
| 8 | 7月17日 | 扬州 | 68万人次 | 100万 | 1.9万元 | 67元 |

## 二、企业精准助农模式

企业作为经济发展的主体，在服务"三农"工作方面也起着至关重要的作用。内蒙古伊利实业集团股份有限公司是知名乳品企业。近年来伊利集团注重在贫困地区的产业布局，先后在黑龙江省林甸县、河北省张北地区、宁夏的吴忠县等地投资建厂，充分利用当地的特色和优势，通过产业带动来拉动就业水平，提高当地百姓的收入水平。2020 年 11 月在甘肃省武威市凉州区，伊利主要投资的是 "伊利绿色生产及智能制造项目"，总投资额 21 亿元，解决了近 6 000 人的就业问题，这一项目的投产也进一步带动了其他产业的大踏步前进，逐渐形成产业集群，涉及到养殖业、饲料加工业、包装物流业等，年产值超过 150 亿元。2010 年，在宁夏回族自治区的吴忠市，伊利集团投资超过 30 亿元建设了精品奶产业园，6 000 家养殖户因此获利。黑龙江省林甸县，经济发展落后，2005 年，伊利将北方地区最大的液态奶生产基地建在此地，为当地的经济发展注入了强劲的活力，解决就业 3 000 多人。"授之以鱼，不如授之以渔"，伊利集团敢于实践、找准精准扶助对象，长远谋划，不仅开拓了企业的发展疆土，还为当地民众开拓了一条长期可以稳定致富的道路，真正起到了带动作用，真正去除了 "穷根"。这种 "产业基地精准服务模式"，不仅给当地带来了经济发展的原动力，也为乡村振兴集聚了人才，汇集了资源，指明了方向。有了产业发展的带动，当地的旅游资源、农产品资源、农牧文化资源也会相继得到开发和利用，这对于提高当地的经济发展水平，提高农民素养具有很强的现实意义。

华侨城集团，于 1985 年创立，以 "旅游 + 地产" 创业模式起家。在 30 多年的发展历程中，华侨城集团既致力于企业长足发展项目，也不忘承担社会责任，关注偏远地区经济发展，该集团在精准扶贫以及乡村振兴工作中贡献了自己的一份力量。位于黔东南的天柱县和三穗县最先与华侨城集团结为帮扶对子，截至 2022 年 5 月，华侨城累计在这两个县域内投入建设资金 9 000 多万元，帮助两县完成帮扶项目 100 多项，解决就业近 2 000 人，培训人才 1 000 多人。天柱县具有天然的资源禀赋，该县拥有丰富的油茶资源，华侨城集团就在当地建设了油茶生态园示范基地，给予资金支持和物资帮助，如今，油茶已经成为该县当之无愧的主导产业，带动了当地将近 50 000 户的农民增收。华侨城利用现代产业发展理念，发展天柱县油茶全产业链，即加大在研发、品牌、市场、运输等环节的投入，2018 年 5 月，建成了油茶精深加工厂，年产值可达 3.2 亿元。华侨城集团的 "三农" 服务从资金支持到产业支持，实现了天柱县脱贫与乡村振兴的有效衔接。

### 三、智能化引领现代农业生产

人工智能技术的广泛应用，使得很多传统企业的发展上了快车道，大大提高劳动效率。在农业领域，也可以运用人工智能和大数据技术，使得种地务农这个职业变得很"酷"。繁昌宏庆米业是位于安徽芜湖繁昌区平埔镇的一家大型的农业产业化龙头企业，企业投资建设了数字化农业信息系统，一改农民传统的"面朝黄土背朝天"的耕作方式，即要想查看稻田的情况，只需要坐在公司的智慧农业数字展厅，操作鼠标，就可以在大屏幕上查看稻田的情况；要想细致地查看水稻植株的情况，可以拉近镜头，就能清晰地观察到水稻抽穗情况、病虫害情况等。2023年10月，该企业继续投资1500多万元建设一个全自动的育秧站，可实现无人化管理，大大节约了人员成本，同时也可以对稻秧培育的过程进行精准控制，保证稻秧的质量，提高作业效率。目前宏庆米业在插秧、植保、播种等流程中均采用机械化、智能化设备来完成，真正实现了"播种不弯腰、插秧不下田"，这样的农业种植方式，颠覆了老一辈对于农业的认知，也吸引了大量的年轻人的关注和参与。在平埔镇，除了宏庆米业外，还有中国科学院建设的繁昌伏羲农场，这是由中国科学院计算研究所和芜湖市繁昌区2021年合作打造的智慧农场，投资五百多万元，该农场的智慧指挥中心设有智能农机库、VR数字农田体验区和繁昌农业数据岛等功能区域，共管理5000亩数字稻田，全部实施全自动智能灌溉，设有农业四情（田间的虫情、作物的苗情、气候的灾情和土壤墒情）监测系统，通过物联网设备可以实时监测土壤、空气等数据，方便农田管理者及时做出预备活动。该中心负责人强永亮说，数字农田通过指挥中心数字化管理，预计每亩农田的成本投入节约30～50元，同时产量增加5%～10%，每亩农田增收200～300元。伏羲农产的模式如果实验成功，将会在周边地区扩大其应用的范围，并逐步扩大到禽畜养殖领域，真正实现智慧农业和智慧农村。这样的例子虽然尚未达到普及的程度，但已经是屡见不鲜了，相信在不久的将来，这种规模化的数字农场会越来越多，农业生产将不再是劳动密集型行业，而是技术密集型行业。

# 参考文献

[1] 王书华，郑风田，胡向东，等 . 科技创新支撑乡村振兴战略 [J]. 中国科技论坛，
2018（6）：1-5.

[2] 温蕊旭 . 鼓励城市专业人才参与河北乡村振兴公共政策研究 [D]. 石家庄：河
北师范大学，2019.

[3] 蔡陆宏 . 河源市高层次人才引进政策分析 [D]. 武汉：华中师范大学，2018.

[4] 杨琴，杨正，张继霞 . 高校实验队伍综合激励调研及帕累托图分析 [J]. 实验技
术与管理，2019（12）：271-273.

[5] 邱远 . 论新时代河源实践人才工作新思想和新方略 [J]. 广东经济，2018（2）：
66-71.

[6] 刘晓琴 . 乡村振兴战略下农业科技人才队伍建设研究[D]. 太原：山西财经大
学，2019.

[7] 朱美聪 . 乡村振兴视阈下的浙江科技特派员新使命研究 [D]. 杭州：浙江农林
大学，2019.

[8] 赵泽洪，全薇 . 我国农业科技人才队伍建设的政策效应与基本对策 [J]. 农业现
代化研究，2014（3）：304-307.

[9] 陈佳平 . 新农村建设背景河南农业科技人才培养路径探析 [J]. 人力资源开发，
2010（10）：35-36.

[10] 吴永章，童晓，高育清 . 湖北省现代农业科技发展存在问题及对策研究 [J].
湖北农业科学，2013（20）： 5067-5070.

[11] 杨易，于敏，姜明伦 . 从农业国际合作视角看我国农业科技创新 [J]. 科技步
与对策，2013（9）：75-79.

[12] 王晓涵，康红芹 . 我国新型职业农民培育研究：回顾与展望 [J]. 职教论坛，
　　　 2017（12）：56-59.

[13] 马建富，马欣悦 . 基于新型职业农民培育的农村职业教育供给侧改革 [J]. 河
　　　 北师范大学学报（教育科学版），2017（6）：54-59.

[14] 宋敏 . 日本环境友好型农业研究 [M]. 北京：中国农业出版社，2010.

[15] 杨与心，徐姣，曲晓榕，等 . 农村自媒体内容生产问题及其对策研究：以"华
　　　 农兄弟""巧妇 9 妹"等为例 [J]. 新闻研究导刊，2020，11（1）：19-20，
　　　 29.

[16] 唐信 . 自媒体视域下网红价值变现研究：以华农兄弟为例 [J]. 西部广播电视，
　　　 2020（10）：45-46.

[17] 李萌，王新惠 . 乡村振兴视域下"三农"自媒体中的乡村图景呈现：基于华
　　　 农兄弟的案例分析 [J]. 视听，2021（2）：131-133.

[18] 郭雅楠 . 金融支持乡村振兴战略存在的问题及对策 [J]. 现代农业研究，
　　　 2022，28（12）：138-141.

[19] 满承茵 . 乡村振兴战略下"三农"自媒体的问题与对策研究 [D]. 南昌：南昌
　　　 大学，2020.

[20] 温雅婷，余江，洪志生，等 . 数字化转型背景下公共服务创新路径研究：基
　　　 于多中心协同治理视角 [J]. 科学学与科学技术管理，2021，42（3）：101-
　　　 122.

[21] 刘玉堂，高睿霞 . 乡村振兴战略背景下乡村公共文化空间重构研究 [J]. 江汉
　　　 论坛，2020（8）：139-144.

[22] 赵万里，高芙蓉 . 乡村振兴战略中的信息化建设及其需求侧转向 [J]. 江苏行
　　　 政学院学报，2019（2）：79-85.

[23] 陈乃林 . 我国社区老年教育：基于本土实践的理性反思与发展前瞻 [J]. 江苏
　　　 开放大学学报，2016（1）：38-44.

[24] 闫怀品 . 北京远效农村老年教育调查分析与思考：以延庆区为例 [J]. 成人教
　　　 育，2017（9）：60-65.

[25] 陈婷婷 . 开放大学系统开展老年教育策略探析：以贵州广播电视大学为例 [J].
教育教学论坛，2020（42）：16-18.

[26] 周洁红，魏珂 . 发达国家职业农民培育政策的演变及启示 [J]. 农业经济问题，
2018（8）：138-144.

[27] 崔红志 . 新型职业农民培育的现状与思考 [J]. 农村经济，2017（9）：1-7.

[28] 朱启臻，胡方萌 . 新型职业农民生成环境的几个问题 [J]. 中国农村经济，
2016（10）：61-69.

[29] 吕建华，林琪 . 我国农村人居环境治理：构念、特征及路径 [J]. 环境保护，
2019，47（9）：42-46.

[30] 蒋睿，余雪源 . 地方农业科研院所博士人才的"流"与"留"[J]. 农业科研
经济管理，2021（2）：45-48.

[31] 黄洁 . 乡村振兴战略下农村人才回流：困境与对策 [D]. 南宁：南宁师范大学，
2021.

[32] 苏平 . 基于场所重建的岭南古村落更新策略 [J]. 华中建筑，2012，30（6）：
116-119.

[33] 龚彦俊 . 新农村建设中传统村落文化的保护和发展策略 [J]. 四川建材，
2020，46（1）：34-36.

[34] 于法稳 . 新发展阶段农村人居环境提升：困境及对策 [J]. 乡村论丛，2021（1）：
79-86.

[35] 高楠楠，杨世琦，李芬 . 生态引领乡村人居环境营造策略研究 [J]. 环境生态学，
2020（8）：33-38.

[36] 祖智波，莫鸣，张黔珍 . 高等院校农业科技推广模式的创新：湖南农业大学
"双百"工程的实践 [J]. 高等农业教育，2008（5）：27-30.

[37] 杨敬华，蒋和平 . 农业专家大院与农民进行科技对接的运行模式分析 [J]. 经
济问题，2005（7）：45-47.

[38] 林国华，刘小幸，吴大西 . 建设现代新型农村科技中介服务体系的模式选择[J].
中国科技论坛，2004（1）：5.

[39] 罗鹏，杨学德，张为，等 . 浅析农业科技人才队伍建设存在的问题与对策 [J].
农业科技管理，2011（6）：91-93.

[40] 朱启臻 . 中国农民职业技术教育研究 [M]. 北京：中国农业出版社，2003：
122-128.

[41] 贾彧 . 人力资本与社会主义新农村建设 [J]. 理论导刊，2006（8）：62-63.

[42] 刘小林 . "三农"问题及其解决途径 [J]. 安徽农业科学，2005，33（1）：
159-160.

[43] 李岁科 . 新乡贤参与乡村振兴的价值、困境与优化路径 [J]. 原生态民族文化
学刊，2021，13（4）：26-34，153.

[44] 刘志艳，林文 . 新乡贤参与乡村治理的实现路径 [J]. 中国农业资源与区划，
2021，42（12）：253-262.

[45] 张方旭 . 内生型发展视角下新乡贤助力乡村振兴的社会基础：基于 F 村"绿
色菜园"发展的经验研究 [J]. 人文杂志，2021（7）：122-128.

[46] 林国华, 刘小幸, 吴大西 . 建设现代新型农村科技中介服务体系的模式选择 [J].
中国科技论坛，2004（1）：5.

[47] 潘淑君，周其文 . 新农村建设中的环境问题与管理对策 [J]. 天津农业科学，
2007（4）：47-49.

[48] 刘洋 . 改善农村人居环境规划先行 [J]. 中国农村科技，2007（7）：44.

[49] 蒋云龙 . 以人才振兴推动乡村振兴 [N]. 人民日报，2021-10-12（05）.

[50] 谭寒冰 . 荷兰现代化农业生产环境及人才队伍建设的经验与启示 [J]. 世界农
业，2018（11）：212-216.

[51] 郭世荣，孙锦，束胜 . 国外设施园艺发展概况、特点及趋势分析 [J]. 南京农
业大学学报，2012（5）：43-52.

[52] 刘铭, 张英杰, 吕英民 . 荷兰设施园艺的发展现状 [J]. 农业工程技术，2010（8）：
24-33.

[53] 林金水 . 荷兰园艺新技术介绍与借鉴展望 [J]. 现代农业科技，2014（2）：
176-178.

[54] 刘清芝 . 美国、日本和荷兰农业合作社开展科技服务的经验及其对中国山东省的启示 [J]. 世界农业，2015（12）：47-52.

[55] 曾哲 . 民主德国农业集体化的特点及启示研究 [J]. 华中农业大学学报（社会科学版），2020（2）：143-152.

[56] 王玉斌，郭娜英，赵铁桥 . 德国农民合作社考察及其启示 [J]. 华中农业大学学报（社会科学版），2020（5）：160-167.

[57] 许浙景 . 法国农业教育的发展和特色 [J]. 神州学人，2019（7）：48-51.

[58] 高佳青，章鸣 . 农业总部经济的概念、框架和发展进程 [J]. 浙江农业科学，2010（6）：1432-1434.

[59] 马俊哲 . 关于总部农业形成原因的理论解析 [J]. 北京农业职业学院学报，2011（6）：7-11.

[60] 李颖 . 北京市发展总部农业的 SWOT 分析 [J]. 北京农业职业学院学报，2012（1）：9-12.

[61] 黄柏青，李勇军 . 都市创意农业创新驱动发展模式研究：以北京市为例 [J]. 财经理论与实践，2020，41（2）：121-129.

[62] 王丹华，李铁铮 . 新疆创意农业发展对策研究 [J]. 新疆社会科学，2017（1）：53-57.

[63] 管珊红，周军，许晶晶，等 . 以创意农业推动江西农业现代化发展研究 [J]. 南方农业学报，2016，47（9）：1615-1621.

[64] 王福鑫 . 乡村振兴战略背景下苏州发展创意农业的路径初探 [J]. 常熟理工学院学报，2019，33（3）：68-73.

[65] 邵林初 . 加快培育上海新型职业农民 [J]. 上海农村经济，2013（4）：10-12.

[66] 戴倩 . 乡村振兴背景下应用型高校继续教育与农村社区协同发展路径研究 [J]. 黑龙江工业学院学报（综合版），2021，21（5）：102-105.

[67] 曹倩 . 影响乡村振兴的障碍因素及应对措施 [J]. 现代农村科技，2021（7）：2-3.

[68] 姜长云 . 乡村产业振兴：凝神聚力才能行稳致远 [J]. 农业知识，2019（20）：7-10.

[69] 王应宽，蒲应燕.如何推进人才振兴为乡村振兴提供支撑 [J].科技导报，2021，39（23）：36-47.

[70] 蒋云龙.以人才振兴推动乡村振兴 [N].人民日报，2021-10-12（05）.

[71] 谭寒冰.荷兰现代化农业生产环境及人才队伍建设的经验与启示 [J].世界农业，2018（11）：212-216.

[72] 叶紫，孙津歌.以色列创新农业与最新农业科技初创公司 [J].上海商业，2021（6）：89-91.

[73] 朱红根，宋成校.乡村振兴的国际经验及其启示 [J].世界农业，2020（3）：4-11，27.

[74] 周智学.发达国家财政支农经验对我国乡村振兴的启示 [J].当代农村财经，2018（8）：29-31.

[75] 黄季焜，陈丘.农村发展的国际经验及其对我国乡村振兴的启示 [J].农林经济管理学报，2019，18（6）：709-716.

[76] 罗屹，武拉平.乡村振兴阶段的农业支持政策调整：国际经验及启示 [J].现代经济探讨，2020（3）：123-130.

[77] 刘震.城乡统筹视角下的乡村振兴路径分析：基于日本乡村建设的实践及其经验 [J].学术前沿，2018（6）：76-79.

[78] 贾磊，刘增金，张莉侠，等.日本农村振兴的经验及对我国的启示 [J].农业现代化研究，2018，39（30）：359-368.

[79] 黄季焜，陈丘.农村发展的国际经验及其对我国乡村振兴的启示 [J].农林经济管理学报，2019，18（6）：709-716.

[80] 刘震.城乡统筹视角下的乡村振兴路径分析：基于日本乡村建设的实践及其经验 [J].人民论坛•学术前沿，2018（12）：76-79.

[81] 贾磊，刘增金，张莉侠，等.日本农村振兴的经验及对我国的启示 [J].农业现代化研究，2018（30）：359-368.

[82] 刘松涛，罗炜琳，王林萍.日本"新农村建设"经验对我国实施乡村振兴战略的启示 [J].农业经济，2018（12）：41-43.

[83] 邱泽奇，李由君，徐婉婷. 数字化与乡村治理结构变迁 [J]. 西安交通大学学报（社会科学版），2022，42（2）：74-84.

[84] 胡守庚，吴思，刘彦随. 乡村振兴规划体系与关键技术初探 [J]. 地理研究，2019，38（3）：550-562.

[85] 丁和根，陈袁博. 数字新媒介助推乡村文化振兴：传播渠道拓展与效能提升 [J]. 中国编辑，2021（11）：4-10.

[86] 钱静斐，李宁辉. 美国有机农业补贴政策：发展、影响及启示 [J]. 农业经济问题，2014（7）：103-109，112.

[87] 陈春良. 荷兰、日本、以色列设施农业发展经验与政策启示 [N]. 中国经济时报，2016-08-08（5）.

[88] 赵友森. 欧洲的"菜园子"：荷兰农业的奇迹 [J]. 北京农业，2013（34）：52-59.

[89] 厉为民. 创造世界奇迹的荷兰农业现代化 [J]. 农产品市场周刊，2013（18）：54-56.

[90] 张宏卫，张亚卿. 秦皇岛"三农"智库发展及建设研究 [M]. 秦皇岛：燕山大学出版社，2023.

[91] 中共中央党史和文献研究院. 习近平关于"三农"工作论述摘编 [M]. 北京：中央文献出版社，2019.

[92] 习近平. 决胜全面建成小康社会 夺取新时代中国特色社会主义伟大胜利：在中国共产党第十九次全国代表大会上的报告 [M]. 北京：人民出版社，2017.

[93] 陈杰. 乡村振兴战略视域下农业示范区政策体系研究 [D]. 合肥：中国科学技术大学，2019.

[94] 杨涛. 乡村振兴战略视域下的我国农业现代化问题研究 [D]. 延安：延安大学，2020.

[95] 赖书勇，郑雪清，高飞鹏，等. 创庄园：智慧生态"三农"服务平台模式研究 [J]. 智慧农业导刊，2023（14）：13-16.

[96] 姜长云. 乡村振兴战略：理论、政策和规划研究 [J]. 宏观经济研究，2018（7）：2.

[97] 周晓光，严少君，吴家胜，等 . 涉农高校"全校服务全域乡村振兴"模式的探索与实践：以浙江农林大学为例 [J]. 高等农业教育，2022（5）：13-19.

[98] 孟东方，李思雨 ."四个全面"战略布局协调推进的基本思路 [J]. 重庆大学学报（社会科学版），2020，26（6）：186-197.

[99] 杨月坤，查椰 . 乡村振兴背景下农业科技人才参与培训行为影响因素研究：以河南省为例 [J]. 农业现代化研究，2021，42（4）：629-239.

[100] 唐剑，杨竞 . 民族地区涉农科技人才助推乡村产业振兴长效机制研究：以阿坝藏族羌族自治州为例 [J]. 贵州民族研究，2022，43（4）：69-75.

[101] 安晓明 . 河南省数字农业高质量发展的现实问题与对策建议 [J]. 河南工业大学学报（社会科学版），2021，37（5）：1-8.

[102] 刘海洋，邵波江，金骐 . 淮北相山：以服务软实力推动产业硬升级 [N]. 中国企业报，2023-07-11（06）.

[103] 赵培，郭俊华 . 共同富裕目标下乡村产业振兴的困境与路径：基于三个典型乡村的案例研究 [J]. 新疆社会科学，2022（3）：169-177.

[104] 朱长明 . 中国农村产业融合发展质量测度及其驱动因素分析 [J]. 技术经济与管理研究，2022（7）：112-117.

[105] 黄祖辉，傅琳琳 . 建设农业强国：内涵、关键与路径 [J]. 求索，2023（1）：132-141.

[106] 潘教峰，万劲波 . 新时代科技强国战略 [J]. 中国科学院院刊，2022，37（5）：569-577.